Bibliografische Information der Deutschen Nationalbibliothek:

Die Deutsche Nationalbibliothek verzeichnet diese Publikation in der Deutschen Nationalbibliografie; detaillierte bibliografische Daten sind im Internet über http://dnb.d-nb.de abrufbar.

Impressum:

Copyright © 2013 ScienceFactory

Ein Imprint der GRIN Verlags GmbH

Druck und Bindung: Books on Demand GmbH, Norderstedt, Germany

Hilfe, mein Baby hört nicht auf zu schreien!

Erklärungen und Hilfestellungen für Eltern

REGULATIONSSTÖRUNGEN DER FRÜHEN KINDHEIT SYSTEMISCH LÖSEN VON MELANIE AULL 2011 7

Einleitung 8

Anpassung 10

Regulationsstörungen 15

Beratung und Therapie von Regulationsstörungen 37

Chancen und Grenzen der Regulationsstörungsberatung oder „welchen Nutzen hat das Problem" 61

Schlusswort 65

Literaturverzeichnis 66

Anhang 68

SCHREIBABYS: URSACHEN – FOLGEN – LÖSUNGSMÖGLICHKEITEN VON KAROLIN STROHMEYER 2012 97

Einleitung 98

Schreibabys 100

Ursachen des Schreiens 103

Folgen 107

Was kann man tun? 109

Fazit 115

Literaturverzeichnis 116

SCHREIBABYS – MÖGLICHE URSACHEN UND HINTERGRÜNDE BEI SÄUGLINGEN SOWIE ELTERN UND HILFEMÖGLICHKEITEN VON NANCY RUPPERT 2011 119

Einleitung 120

Das Schreiverhalten als frühes Kommunikationsmittel 123

Mögliche Ursachen und Hintergründe für exzessives Schreien 126

Eventuelle Emotionen und Reaktionen der Eltern auf das Schreien 134

Selbsthilfe und Hilfeangebote 138

Zusammenfassung 146

Literaturverzeichnis 148

Anhang 151

Regulationsstörungen der frühen Kindheit[1] systemisch lösen von Melanie Aull
2011

---

[1] PAPOUSEK; Mechthild & SCHIECHE; Michael & WURMSER; Harald: Regulationsstörungen der frühen Kindheit.

Einleitung

Ein Baby kommt zur Welt – zuerst mal ein Grund zur Freude. Ein neues Leben beginnt, für das Elternpaar oder das Elternteil ein neuer, spannender Lebensabschnitt, verbunden mit vielen guten Absichten, freudigen Erwartungen, Mut und Hoffnung. Dennoch gestalten sich die ersten Monate mit dem Baby, manchmal auch die ersten Jahre, schwieriger oder einfach ganz anders als gedacht. Manchmal war auch die Geburt oder die Schwangerschaft belastend oder gar traumatisch, sowohl für Mutter und Vater als auch das ungeborene oder neugeborene Kind.

Empirische Ergebnisse aus unterschiedlichen Forschungsbereichen heben die enorme Bedeutung der frühen Kindheitserfahrungen für die gesunde Entwicklung des Menschen hervor. Sowohl die Hirnforschung, die Säuglingsforschung als auch die Traumatologie belegen übereinstimmend, dass ein guter Start ins Leben, die Interaktions-, Bindungs- und Lernerfahrungen der ersten Lebensjahre und bereits die vorgeburtliche Interaktion zwischen der Mutter, dem Vater und dem Kind wichtige Bausteine zur gesunden ganzheitlichen Entwicklung des Kindes und auch des Familiensystems darstellen.

Dennoch ist diese so wertvolle frühe Zeit oftmals geprägt von Anpassungsschwierigkeiten sowohl beim Säugling als auch bei den Eltern. Das neue System „Familie" muss sich erst finden und immer wieder neu definieren. Nicht selten kommen durch die Geburt eines Kindes, als Situation der Anpassung an eine neue, sehr entscheidende Lebenssituation, psychische Belastungen der Elternteile, Paar- oder Rollenkonflikte oder auch eigene Repräsentationen der Kindheit, unerfüllte Träume oder biographische Traumatisierungen zum Vorschein, die, wenn sie nicht ausreichend kompensiert werden, Auswirkungen auf die Interaktion mit dem Säugling und somit auf dessen Entwicklung und auf die Entwicklung des Familiensystems haben.

Auch der Säugling ist bereits während der Geburt, in den ersten Tagen, Wochen und Monaten nach der Geburt, immer aufs Neue mit der Aufgabe der Anpassung an das Leben außerhalb des Mutterleibs konfrontiert. Das Ankommen in der neuen Konstellation „Familie" stellt jedes Mitglied vor Entwicklungsaufgaben, die zirkulär verlaufen und Bewältigungsmuster jedes einzelnen Familienmitglieds erfordern, die wiederum an die Bedürfnisse und Möglichkeiten des Familiensystems und seiner Mitglieder angepasst werden müssen.

Anpassung

Anpassung als ressourcenorientierter Prozess

Anpassungsprozesse sind häufig mit Stress und Belastung verbunden. Dennoch steckt in der Bewältigung oder auch in der Nicht-Bewältigung von Anpassungsprozessen, die mit Stress verbunden sind, eine Vielzahl an Möglichkeiten, personale und auch interaktionelle Ressourcen zu erweitern und zu erproben. „Belastungen verschiedener Art in Form von Enttäuschungen, Zurückweisungen, Frustrationen, eigenem Versagen usw. sind unvermeidbar und gehören zum Leben eines jeden Menschen. Auch oder gerade weil sie unbequem und anstrengend sind, ermöglichen sie als individuelle oder familiäre lebensgeschichtliche Herausforderung konstruktive Anpassungsprozesse und die Aneignung neuartiger Bewältigungsstrategien. Stress ist also ein natürliches Element von familiärer Entwicklung."[2] Einzelne Menschen und natürlich auch menschliche Systeme sind während einer Entwicklungsphase immer wieder damit konfrontiert, bei der Bewältigung von Problemen und Herausforderungen auf Muster und Handlungsweisen zurückzugreifen, die sich in früheren Zeiten als funktional erwiesen haben. Reichen diese Handlungsoptionen nicht aus oder erweisen sie sich in einem neuen Zusammenhang als unpassend, müssen Alternativen entwickelt werden, um die neue Situation zu meistern. Spielen mehrere Menschen bei der Bewältigung der Herausforderung eine entscheidende Rolle, kommt es zu interaktionalen Bewältigungsprozessen, die zirkulär verlaufen und sich gegenseitig beeinflussen. Ein Muster, das der einzelne Mensch bisher zu Bewältigung ähnlicher Probleme wählte, kann nun sein Ziel vollkommen verfehlen, weil es nicht in ein gemeinsames Bewältigungsmuster des Systems passt bzw. gemeinsame funktionale Muster blockiert. Hier liegt eine große Chance der

---

[2] KORITTKO; Alexander & PLEYER; Karl Heinz: *Traumatischer Stress in der Familie*. S. 30

gemeinsamen Weiterentwicklung. Diese Prozesse, auch wenn sie nicht immer gleich gelingen wollen, haben – wenn sie dann bewältigt sind – durchaus einen sehr wertvollen und stärkenden Einfluss auf Familiensysteme, weil sie etwas Gemeinsames symbolisieren und vom Zutun jedes einzelnen Familienmitglieds abhängig waren. „Familien scheinen am besten zum Wachstum aller Familienmitglieder beizutragen, wenn sie auf Veränderungen flexibel reagieren können. (...) Übergangsstadien von einer Lebensphase in eine andere können dann am besten bewältigt werden, wenn alle Familienmitglieder sich von alten Verhaltensmustern lösen und mit neuen Mustern experimentieren, bis sie eine Form gefunden haben, die der neuen Lebensphase entspricht. Familien, die rigide an den Mustern der vorherigen Lebensphase hängen bleiben, bewältigen die Übergänge ebenso wenig wie Familien, die neue Muster vorschnell installieren wollen."[3] Gelingt die Bewältigung eines Entwicklungsschrittes dauerhaft nicht oder nur unzureichend, kann es zu Störungen im personalen oder interaktionalen System kommen, welche als Anpassungsstörung definiert wird.

Anpassungsstörung nach ICD 10

F43.2: „Hierbei handelt es sich um Zustände von subjektiver Bedrängnis und emotionaler Beeinträchtigung, die im Allgemeinen soziale Funktionen und Leistungen behindern und während oder nach belastenden Lebensveränderungen oder nach belastenden Lebensereignissen auftreten. Die Belastung kann das soziale Netz des Betroffenen beschädigt haben (wie bei einem Trauerfall oder Trennungserlebnissen) oder das weitere Umfeld sozialer Unterstützung oder sozialer Werte (wie bei Emigration oder Flucht). Sie kann auch in einem größeren Entwicklungsschritt oder einer Krise bestehen (wie Schulbesuch, Elternschaft,

---

[3] KORITTKO; Alexander & PLEYER; Karl Heinz: *Traumatischer Stress in der Familie.* S. 30

Misserfolg, Erreichen eines ersehnten Zieles und Ruhestand). Die individuellen Prädispositionen oder Vulnerabilität spielen bei dem möglichen Auftreten und bei der Form der Anpassungsstörung eine bedeutsame Rolle; es ist aber dennoch davon auszugehen, dass das Krankheitsbild ohne die Belastung nicht entstanden wäre. Die Anzeichen sind unterschiedlich und umfassen depressive Stimmung, Angst oder Sorge (oder eine Mischung aus diesem). Außerdem kann ein Gefühl bestehen, mit den alltäglichen Gegebenheiten nicht zurechtzukommen, diese nicht vorausplanen oder fortsetzen zu können. (...)[4]

Elterliche Anpassungs- und Entwicklungsaufgaben beim Übergang zur Elternschaft

Die Schwangerschaft und die Geburt eines Kindes stellen (werdende) Eltern vor eine große, schwer einschätzbare Herausforderung. Das Einfinden in die Lebensform „Familie" und die Übernahme der Aufgabe „Elternschaft" erfordert Kompetenzen und Haltungen, die im heutigen gesellschaftlichen Kontext wenig erprobt und geübt werden können. Durch den Wegfall der Großfamilien kommen junge Menschen weniger mit Kleinkindern in Berührung. Wissenschaftlich erwiesen ist z. B., dass jugendliche Mädchen, die Kontakt zu einem Säugling oder Kleinkind haben, eher in der Lage sind, intuitive mütterliche Kompetenzen im Umgang mit dem Baby zu erproben und abzuspeichern. Die mütterlichen und väterlichen Grundhaltungen entsprechen Werten und Einstellungen, die in der heutigen Berufswelt keine oder nur eine geringe Bedeutung haben, ein Umdenken und Umlernen ist notwendig, um sich auf das Experiment „Familie" einlassen zu können. Das Verhalten und die Bedürfnisse eines Kindes, vor allem eines

---

[4] http://www.ecd-code.de/icd/code/F43.2.html, aufgerufen am 08.06.2011

Säuglings, sind wenig kalkulierbar, stellen Anforderungen an die Eltern, die emotional und weniger kognitiv wahrgenommen und befriedigt werden müssen.

Auch eigene biographische Erfahrungen, vor allem die frühe Beziehungsgestaltung zu den eigenen Eltern, haben enorme Auswirkungen auf die Bewältigung der Entwicklungsaufgaben beim Übergang zur Elternschaft.

Damit Elternschaft gelingt, sind folgende Anpassungs- und Entwicklungsaufgaben zu meistern:

- Prä-, peri- und postnatale Beziehungsaufnahme zum Kind
- Aufbau von Selbstvertrauen in die eigenen intuitiven Kompetenzen
- Physiologische Anpassung im Wochenbett
- Übergang zur Elternschaft
1. Von beruflicher Identität zur Identität in der Elternrolle
2. Von der Zweierbeziehung zur Dreierbeziehung
- Mutterschaftskonstellation
1. Als psychodynamische Reorganisation
2. Mit Wiederbelebung eigener Bindungs- und Beziehungserfahrungen (impliziertes Beziehungswissen)
- Balance zwischen eigenen und kindlichen Bedürfnissen
- Bindung und Lösung
- Abhängigkeit und Autonomie

- Erziehungskompetenzen[5]

Phasentypische Anpassungs- und Entwicklungsaufgaben auf Seiten des Kindes

Neurobiologische Forschungsergebnisse belegen, dass der Mensch in seinen ersten Lebensjahren so viele Lernerfahrungen in einem so kurzen Zeitraum macht wie nie mehr wieder in seinem Leben. Das Gehirn und das Sinnessystem des un- und neugeborenen Kindes arbeiten auf Hochtouren und bilden Verknüpfungen zwischen den Hirnarealen. Für alle Lern- und Anpassungsprozesse der frühkindlichen Entwicklung spielt Regulation eine Rolle. „Mit jeder Entwicklungsphase stellen sich in Abhängigkeit von der strukturellen und funktionellen Reifung des Gehirns und den bereits integrierten Erfahrungen neue Anforderungen an die Regulationsfähigkeiten im Rahmen der (…) Anpassungs- und Entwicklungsaufgaben der frühen Kindheit."[6]

Die wichtigsten phasentypischen Entwicklungsaufgaben und damit verbundene Probleme im Säuglings- und Kleinkindalter sind im Anhang unter Punkt 1. zu finden.

---

[5] PAPOUSEK;Mechthild&SCHIECHE;Michael&WURMSER;Harald:*Regulationsstörungen der frühen Kindheit.* S. 92

[6] PAPOUSEK;Mechthild&SCHIECHE;Michael&WURMSER;Harald:*Regulationsstörungen der frühen Kindheit.* S. 84

Regulationsstörungen

Die Probleme, die durch Schwierigkeiten und Hindernisse bei der Bewältigung der phasentypischen Entwicklungsaufgaben (Anhang Punkt 1) entstehen können, gelten als Regulationsstörungen der frühen Kindheit.

Definitionen

„Als Regulationsstörung wird bei Säuglingen und Kleinkindern eine alters- oder entwicklungsmäßig außergewöhnliche Schwierigkeit bezeichnet, ihr Verhalten in einem oder mehreren Interaktionskontexten wie Selbstberuhigung, Schlafen, Füttern oder Aufmerksamkeit angemessen zu steuern."[7]

„Weiterhin ist wichtig zu betonen, dass eine Regulationsstörung als ein systemisches Konstrukt in dem Sinne zu verstehen ist, dass es keine monokausalen Ursachenzuschreibungen nahelegt, sondern gemeinsame Interaktionen und Bezogenheiten betrachtet. Sie ist keine Störung des Kindes und auch keine Störung der Mutter bzw. des Vaters, sondern eine zeitweilige Beeinträchtigung der gemeinsamen Interaktion."[8] In diesem Zusammenhang kann von einer Interaktionsstörung gesprochen werden.

„Es wird davon ausgegangen, dass es zu einer Regulationsstörung kommt, wenn es keine gute Passung zwischen den Selbstregulationsfertigkeiten des Kindes und der Fremdregulation durch die Eltern gibt. Die Passung zwischen Eltern und Kind kann vor allem dann schwierig sein, wenn die Eltern sich unter Druck fühlen, in der Partnerschaft Probleme haben oder in einer schwierigen Situation

---

[7] SCHWEITZER; Jochen & SCHLIPPE; Arist von: *Lehrbuch der systemischen Therapie und Beratung II.* S. 247

[8] BORKE; J. & EICKHORST; A. (Hg.): *Systemische Entwicklungsberatung in der frühen Kindheit.* S. 152

leben. Es kann dazu aber auch kommen, wenn an das Kind Selbstregulationsanforderungen gestellt werden, denen es noch nicht gewachsen ist."[9]

Interaktion im Prozess der Regulation

Definition

„Laut Fremdwörterbuch (Duden Band 5, 4. Auflage 1982, S. 350 f.) handelt es sich um einen in Soziologie und Psychologie geläufigen Terminus, mit dem „aufeinander bezogenes Handeln zweier oder mehrerer Personen" oder die „Wechselbeziehung zwischen Handlungspartnern" bezeichnet wird. (Soziale Interaktion)."[10]

Die Notwendigkeit einer gelungen Interaktion in der Eltern-Kind-Beziehung

Überwiegend gelungene Interaktionserfahrungen tragen zur Entwicklung einer sicheren Bindung bei, die wiederum Voraussetzung für eine gesunde Entwicklung des Kindes ist.

„Die Erfahrungen des Babys im Zusammenleben mit seinen Eltern bilden die Grundlage seiner seelischen Struktur. Wiederkehrende kleinste Kommunikationseinheiten werden zusammen mit dem begleitenden Gefühl gespeichert. Sie bilden die Grundlage für Erwartungen an die Umwelt und das Selbsterleben. Es ist also die Interaktion, über die sich elterliche Einstellungen und Probleme mitteilen und Eingang in die Ausbildung der psychischen Struktur des Kindes finden (Selbstbild, Erwartungen an Andere, Vertrauen in die eigene

---

[9] BORKE; J. & EICKHORST; A. (Hg.): *Systemische Entwicklungsberatung in der frühen Kindheit.* S. 44

[10] http://wikipedia.org/wiki/Interaktion aufgerufen am 02.06.2011

Selbstwirksamkeit bzw. in die Unterstützung durch andere Menschen etc.). Eine anhaltende Störung der Eltern-Kind-Interaktion sagt spätere psychische Entwicklungsprobleme des Kindes voraus. Daher ist die Beobachtung und Behandlung der Interaktion ein wichtiger Bestandteil der frühen Interventionen."[11] Die im Zitat von Fr. Deneke erwähnten Entwicklungsprobleme des Kindes können sich bereits in sehr früher Zeit als Regulationsstörung manifestieren. Wobei zu beachten ist, dass nicht jede Regulationsstörung der frühen Kindheit ihren Ursprung in der Interaktion zwischen Mutter/Vater und Kind haben muss, dennoch hat jede anhaltende Regulationsstörung Auswirkungen auf die Interaktion und somit auf das Erleben und das Selbstbild aller Interaktionspartner und auf das Miteinander der Familie.

Menschliche Interaktionen sind nicht immer perfekt aufeinander abgestimmt und müssen es auch nicht sein. „Es kann im Gegenteil sogar hilfreich sein, Erfahrungen auch mit frustrierenden Interaktionen zu machen."[12] Dies gilt auch für die frühe Eltern-Kind-Interaktion. Zum Problem wird die dysfunktionale Interaktion allerdings dann, wenn die „Zeiten positiver Gegenseitigkeit immer geringer werden"[13], d. h. wenn dysfunktionale Muster und Frustrationen überhandnehmen und wenig bis gar keine Gelegenheit bleibt, gelungene Interaktionen zu erleben.

---

[11] Deneke, Christiane, Skript München

[12] BORKE; J. & EICKHORST; A. (Hg.): *Systemische Entwicklungsberatung in der frühen Kindheit.* S. 151

[13] J. & EICKHORST; A. (Hg.): *Systemische Entwicklungsberatung in der frühen Kindheit.* S.151

Interaktion zwischen Eltern und dem Säugling – ein zirkulärer Prozess

„Die lange Phase der frühkindlichen Abhängigkeit impliziert, dass der Säugling in der Bewältigung der frühen Anpassungs- und Entwicklungsaufgaben nicht auf sich allein gestellt, sondern auf Unterstützung seiner Eltern oder anderer primären Bezugspersonen angewiesen ist."[14] Voraussetzung dafür, dass Eltern dem Kind angemessene Unterstützung bei der Co-Regulation geben können, ist ein Gelingen der vorsprachlichen Kommunikation, also der Verständigung zwischen Eltern und dem Säugling.

„Das Ehepaar Papousek spricht von den intuitiven Kompetenzen der Eltern, die es ihnen ermöglichen, sich auf den Säugling einzustellen und seinem Wahrnehmungssystem und den emotionalen Bedürfnissen gemäß zu reagieren."[15] Demnach sind „Eltern mit Verhaltensdispositionen ausgestattet, die komplementär zu den Prädispositionen des Säuglings angelegt sind und ihnen ermöglichen, ihr Verhalten im Austausch mit dem Baby intuitiv von Moment zu Moment auf seine Bedürfnisse und Voraussetzungen abzustimmen."[16] Die Eltern vereinfachen hierbei z. B. ihre Sprache, sprechen langsamer und betonter in einer höheren Stimmlage (Ammensprache), überziehen die Mimik in der Kommunikation mit dem Säugling und halten einen bestimmten Abstand ein, der es dem Kind ermöglicht, sie visuell zu erfassen. Zudem stimmen Eltern ihre Äußerungen in Form von akustischen Reizen und Gestik auf den Säugling ab, warten seine „Antwort" ab, gehen in einen Dialog mit dem Kind. Je nach Entwicklungsstand

---

[14] PAPOUSEK;Mechthild&SCHIECHE;Michael&WURMSER;Harald:*Regulationsstörungen der frühen Kindheit*. S. 88

[15] PAPOUSEK;Mechthild&SCHIECHE;Michael&WURMSER;Harald:*Regulationsstörungen der frühen Kindheit*. S. 35

[16] PAPOUSEK;Mechthild&SCHIECHE;Michael&WURMSER;Harald:*Regulationsstörungen der frühen Kindheit*. S. 89

und Situation passen die Eltern ihr Interaktionsverhalten an die Bedürfnisse und Fähigkeiten des Kindes an. Sie unterstützen damit die momentane Regulation des Kindes und geben ihm dennoch durch Beobachtung und angemessene Unterstützung genügend Raum, selbstregulatorische Fähigkeiten zu entwickeln. Das Kind trägt seinen Teil zum Interaktionsprozess bei, indem es sich in gut regulierten Zuständen mit Hilfe der angebotenen Stimulation der Eltern oder später durch das Nutzen von Übergangsobjekten oder eigenen selbstregulatorischen Fähigkeiten im psychischen Gleichgewicht halten kann bzw. bei Unruhe dieses Gleichgewicht wieder erreicht. Ein immer wieder neues Abstimmen der Interventionen, orientiert an den Bedürfnissen und Fähigkeiten des Kindes ist notwendig, um einen gelungenen Interaktionsprozess entstehen zu lassen. Dabei wird von einem Prozess ausgegangen, welcher durch aufeinander bezogene und gegenseitig rückgekoppelte Einflussfaktoren gekennzeichnet ist.

Die Entstehung von „Engelskreisen"[17]

Gelingt es den Eltern, aus dem Interaktionsverhalten des Babys Hinweise auf Aufnahmebereitschaft und Überlastung, selbstregulatorische Fähigkeiten und Schwierigkeiten sowie seine momentanen Bedürfnisse und Befindlichkeiten, Vorlieben und Interessen abzulesen, sind Eltern in der Lage, die Signale des Babys zu erkennen, sich von ihnen leiten zu lassen und dem Kind auf seine individuellen Fähigkeiten abgestimmte regulatorische Unterstützung anzubieten, indem sie es anregen, beruhigen und trösten, indem sie die Art und Intensität ihrer Anregung in Bezug auf Aufnahmefähigkeit und Toleranzgrenzen dosieren und indem sie dem Kind in Belastungssituationen emotionale Rückversicherung und

---

[17] PAPOUSEK;Mechthild&SCHIECHE;Michael&WURMSER;Harald:*Regulationsstörungen der frühen Kindheit.* S. 89

Geborgenheit vermitteln, schaffen sie die Grundlage für eine sichere Basis durch gelungene Interaktion. „Sie kompensieren, was das Baby noch nicht alleine bewältigen kann und bieten ihm in den Interaktionen und Zwiegesprächen des Alltags einen Rahmen, in dem es seine heranreifenden Fähigkeiten zur Selbstwirksamkeit und Selbstregulation erproben und einüben kann."[18] Funktioniert das kommunikative Zusammenspiel zwischen Eltern und Kind, können Anpassungs- und Entwicklungsaufgaben der frühen Kindheit auch in turbulenten Krisenzeiten gemeinsam bewältigt werden. „So kommt ein vor Übermüdung schreiendes Baby auf dem Arm der Mutter unter dem Klang ihrer Stimme und sanftem Wiegen zur Ruhe, es entspannt sich, schmiegt sich an und findet in den Schlaf. Auch die Mutter kann sich mit dem Baby entspannen und von der alarmierenden, stressinduzierenden Wirkung des Schreiens erholen. Im gleichen Zuge gewinnt sie eine der schönsten Rückmeldungen des Babys, die sich eine Mutter erträumen kann: „Ich fühle mich bei dir geborgen", ein Feedback, dass sie im Selbstvertrauen auf ihre genuinen Kompetenzen bestärkt. Mutter und Baby unterstützen sich somit gegenseitig und lassen ein in sich stabiles Kommunikationsmuster einer beiderseitigen positiven Beziehungserfahrung entstehen, einen „Engelskreis"."[19]

---

[18]PAPOUSEK;Mechthild&SCHIECHE;Michael&WURMSER;Harald:*Regulationsstörungen der frühen Kindheit*. S. 89

[19]PAPOUSEK;Mechthild&SCHIECHE;Michael&WURMSER;Harald:*Regulationsstörungen der frühen Kindheit*. S. 89

Die Entstehung von „Teufelskreisen"[20]

Eltern von Babys mit Regulationsstörungen haben in ihrem gemeinsamen Leben noch kaum einen Engelskreis erlebt. So sind die Eltern von Babys mit exzessivem Schreien, Nahrungsverweigerung oder chronifizierter Schlafstörung am Ende ihrer Kraft; die Nerven liegen blank, sie fühlen sich als Versager, in ihrer mütterlichen und väterlichen Identität verletzt und entwertet. „Das in seinen selbstregulatorischen Fähigkeiten beeinträchtigte Baby zieht die intuitiven elterlichen Kompetenzen in Mitleidenschaft. Die Kommunikation im Beruhigungskontext entgleist zu einem dysfunktionalen Teufelskreis wechselseitig eskalierender Erregung."[21] Diese scheinbare Entwertung bringt Eltern rasch zur Erschöpfung und kann je nach Art, Ausmaß und Gewichtung der psychischen Ressourcen und Belastungen Gefühle von Ohnmacht, Wut, Hilflosigkeit, Angst vor Ablehnung, Frustration, Hoffnungslosigkeit und mangelndes Selbstwertgefühl auslösen, bzw. verstärken. „Allein die durch negative Rückkopplung ausgelöste Verunsicherung kann dazu führen, dass die Eltern sich nicht mehr auf ihre intuitiven Kompetenzen verlassen und statt dessen „kopflos" eine Empfehlung nach der anderen aufgreifen oder „verkopft" angelesenen Instruktionen folgen."[22]

Teufelskreise entstehen aus den unterschiedlichsten Hintergründen. Oftmals kumulieren die Faktoren, die einen Teufelskreis in der Eltern-Kind-Interaktion begünstigen. So führen z. B. unbewältigte Anpassungs- und

---

[20]PAPOUSEK;Mechthild&SCHIECHE;Michael&WURMSER;Harald:*Regulationsstörungen der frühen Kindheit.* S. 89

[21]PAPOUSEK;Mechthild&SCHIECHE;Michael&WURMSER;Harald:*Regulationsstörungen der frühen Kindheit.* S. 90

[22]PAPOUSEK;Mechthild&SCHIECHE;Michael&WURMSER;Harald:*Regulationsstörungen der frühen Kindheit.* S. 91

Entwicklungsaufgaben von Seiten der Eltern, Traumatisierungen der Eltern oder Traumatisierungen in der Eltern-Kind-Beziehung, negative Projektionen auf das Kind, Konflikte in der Herkunftsfamilie, soziale Isolation, finanzielle Sorgen, schlechtes Selbstbild, psychische Erkrankungen, Paarkonflikte oder auch „nur" mangelndes Wissen über die Entwicklung von Säuglingen und Kleinkindern und damit in Verbindung stehende verschüttete intuitive Verhaltensweisen zu dysfunktionalen Mustern in der Interaktion. Von Seiten des Kindes kann ein Teufelskreis begünstigt werden, wenn es sich um ein Baby mit „schwierigem" Temperament[23] handelt, das besonders sensibel und irritierbar ist oder aufgrund von noch nicht vollständiger Gehirnreifung schwer in der Lage ist, seine Verhaltenszustände weitgehend selbstregulatorisch zu organisieren. Eine junge Mutter, die z. B. das Weinen des Kindes aufgrund eigener Traumatisierungen aus der Kindheit nicht aushalten kann, wird das Kind, sobald es beginnt seinen Unmut kundzutun, sofort beruhigen, ohne dem Baby die Möglichkeit zu geben, selbstregulatorische Fähigkeiten zu erproben. Das Kind verinnerlicht somit, dass es zum Zufriedensein immer die Beruhigung durch die Mutter braucht, fordert diese immer öfter und nachhaltiger ein und kommt somit nicht in die Lage, nach und nach durch Übergangsobjekte oder eigene Fähigkeiten zur Ruhe zu kommen.

Regulationsspezifische Störungsbilder der frühen Kindheit

Schreistörungen

„Exzessives Schreien im ersten Lebenshalbjahr zeigt sich in anfallartigen, unstillbaren Schrei- und Unruheepisoden in den ersten sechs Lebensmonaten ohne erkennbaren Grund bei einem ansonsten gesunden Säugling. Sie beginnen meist

---

[23] PAPOUSEK;Mechthild&SCHIECHE;Michael&WURMSER;Harald:*Regulationsstörungen der frühen Kindheit.* S. 91

um die zweite Lebenswoche, nehmen bis zur ungefähr sechsten Lebenswoche an Intensität und Häufigkeit zu, gehen bis zum Ende des dritten Lebensmonat meist weitgehend zurück, selten dauern sie bis zum sechsten Monat. Die Schrei- und Unruheeignung geht zeitlich mit physiologischen Reifungsprozessen einher, die die Schlaf-Wach-Regulation eines jeden Säuglings beeinträchtigt. Ob die Schrei- und Unruhephasen als exzessiv erlebt werden, hängt zunächst von der subjektiven Belastungsempfindung der Eltern ab."[24]

Phasentypische Entwicklung des Schrei- und Selbstberuhigungsverhaltens

Schreien ist für den Säugling das elementare Kommunikationsmittel, die einzige Möglichkeit, sein Empfinden mitzuteilen, eine Art Überlebensstrategie. Oft führt die fehlende Befriedigung grundlegender Bedürfnisse zum Schreien z. B. Hunger, Angst, Langeweile, Kälte usw. „Der Säugling kann sein Schreien aber manchmal auch zum Abbau der eigenen Belastungen benutzen, also als eine Art Verarbeitungsstrategie für äußere und innere Reize."[25] So gibt es immer wieder Säuglinge und auch Kleinkinder, die sich über wenige Minuten in den Schlaf weinen, um Überlastungen im System der Reizverarbeitung loszuwerden. Vor allem in den ersten Lebensmonaten tritt das Schreien gehäuft in den Abendstunden auf. Werden die grundlegenden Bedürfnisse befriedigt, findet eine Vielzahl der Kinder mit Hilfe von angemessenen Regulierungshilfen durch die Eltern oder durch Übergangsobjekte wie Schnuller, Schmusetuch etc. wieder zur Ruhe. Die Regulierungshilfen von außen, also durch Eltern oder Objekte sind besonders in den ersten Monaten sehr wichtig, da viele Säuglinge erst im Alter von ca.

---

[24] SCHWEITZER; Jochen & SCHLIPPE; Arist von: *Lehrbuch der systemischen Therapie und Beratung II.* S. 247

[25] BORKE; J. & EICKHORST; A. (Hg.): *Systemische Entwicklungsberatung in der frühen Kindheit.* S. 147

4 Monaten über die ausreichende Gehirnreife verfügen, um durch eigene Selbstberuhigungsstrategien zur Ruhe zu finden.

„Bei exzessiv schreienden Babys greifen die normalen Beruhigungsversuche allerdings häufig nicht mehr. Die Eltern versuchen dann möglicherweise durch stundenlanges Stillen, Auf- und Abgehen oder langes Autofahren ihr Kind zu beruhigen. In vielen Fällen führt dies zu einem ständig steigenden Aufwand für die Eltern und zu immer weniger Erfolgs- und Kompetenzerleben. Die Eltern sind oft erschöpft und haben kaum mehr Zeit für sich selbst und für das Genießen der ruhigen Momente des Tages. Dies kann mit einer Störung der Eltern-Kind-Beziehung einhergehen."[26] Aber auch der Säugling bzw. das Kleinkind wird durch unangemessene Beruhigungsstrategien in seinem Erfolgserleben und in der Ausreifung von Selbstberuhigungskompetenzen gehindert. Oftmals entsteht an dieser Stelle ein Teufelskreis. Werden die Signale des Kindes falsch gedeutet, passiert es, dass ein ohnehin schon überreizter Säugling mit weiteren Reizen von außen wie Tragen, Fahren, Stillen, Geräuschen etc. konfrontiert wird, was in vielen Fällen das Schreien für einen kurzen Moment unterbricht, da das Kind damit beschäftigt ist, sich der neuen Situation anzupassen, aber nicht dazu beiträgt, dass der Säugling die Überreizung, die er mit Schreien ausbalancieren möchte, wirklich loswird und dauerhaft zur Ruhe findet. Exzessiv schreiende Säuglinge unterbrechen zum Teil auch durch ein neues Reizangebot das Schreien nicht, was die Eltern dazu veranlasst, immer mehr und immer schneller neue Reize anzubieten. Dies trägt dazu bei, dass das gesamte Familiensystem Stress erlebt. Eltern zweifeln an ihrer Kompetenz, das Kind beruhigen zu können und gute Eltern zu sein, das Kind wird in seinem selbstregulatorischen Erle-

---

[26] BORKE; J. & EICKHORST; A. (Hg.): *Systemische Entwicklungsberatung in der frühen Kindheit.* S. 147

ben behindert und auch im Erleben, dass seine Umwelt ihm bei der Befriedigung seiner Bedürfnisse behilflich ist.

Physiologische Wirkfaktoren bei Schreistörungen auf Seiten des Kindes

Bevor in der Säuglings-Kleinkindberatung auf psychosoziale Wirkfaktoren, die in Verbindung mit einer dysfunktionalen Interaktionsgestaltung (Teufelskreis)stehen, eingegangen wird, ist es wichtig „erst einmal die Ursachen zu betrachten, welche in der biologischen Befindlichkeit des Säuglings liegen können. Diese sind zwar seltener als angenommen die tatsächlichen Ursachen und alleinigen Gründe für ein Schreiproblem, spielen jedoch häufig als Teilaspekt eines komplexen Bedingungsgefüges eine Rolle und müssen zu Beginn einer psychosozialen Beratung ausgeschlossen werden, um sicher gehen zu können, dass dem Säuglingsschreien nicht akute Schmerzen zugrunde liegen."[27]

Mögliche gastroenterologische Erkrankungen, die zu exzessiven Schreien führen können bzw. die Schreiproblematik verstärken:

- Koliken

- Kuhmilchintoleranz

- Gastroösophagealer Reflux

Bei den Koliken ist zu beachten, dass der erhöhte Darmgasgehalt auch durch das Schreien verursacht werden kann, da der Säugling beim Schreien vermehrt Luft schluckt. In nur sehr wenigen Fällen handelt es sich bei den Koliken um die Ursache des Schreiens. Meist stellen die Koliken die Folge des exzessiven Schreiens dar.

---

[27]BORKE; J. & EICKHORST; A. (Hg.): *Systemische Entwicklungsberatung in der frühen Kindheit.* S. 149

Auch funktionelle Störungen der Wirbelsäule (KISS-Syndrom) können zu vermehrtem Schreien führen. Dieses Störungsbild kann mit Hilfe von Manual- und Physiotherapie behandelt werden, was in der Regel zu einer schnellen Besserung der Schreiproblematik führt.

Häufig ist der Grund für exzessives Schreien im Säuglingsalter die größere Sensibilität für äußere und innere Reize. Säuglinge, die aufgrund genetischer Dispositionen über ein „schwieriges Temperament" [28] in Form von höherer Irritierbarkeit gegenüber Reizen und höherer Sensibilität verfügen, benötigen mehr Zeit, um sich auf Veränderungen einzustellen und sind schneller überreizt als andere Babys. „Bei entsprechenden Regulationshilfen können die Babys immer besser lernen, die Reize und inneren Zustände zu integrieren und zu verarbeiten. Weiterhin entwickeln sie mit zunehmender Reifung auch immer ausgeprägtere Selbstregulationsmechanismen. Letzteres ist auch der Grund dafür, dass das Schreien ab dem dritten Lebensmonat in den meisten Fällen abnimmt. Erfährt der Säugling keine auf ihn abgestimmte regulatorische Unterstützung, wofür ganz verschiedene Gründe vorliegen können, kann es dazu kommen, dass sich das vermehrte Schreien intensiviert, verfestigt und zu länger andauernden Schwierigkeiten und Belastungen für die ganze Familie führt. Auch kann eine solche nicht gut abgestimmte Interaktion zwischen den Familienmitgliedern selbst auch Ursache einer Schreiproblematik werden."[29]

---

[28] PAPOUSEK;Mechthild&SCHIECHE;Michael&WURMSER;Harald:*Regulationsstörungen der frühen Kindheit*. S.85

[29] BORKE; J. & EICKHORST; A. (Hg.): *Systemische Entwicklungsberatung in der frühen Kindheit*. S. 150

Bedingungsfaktoren, die die Selbstregulation beeinträchtigen, auf Seiten der Eltern

Belastungsfaktoren	Stichprobe in %
Pränatal	
Stress und Ängste	50,9
Manifeste Depression	6,7
Partnerkonflikte	30,0
Konflikte in der Herkunftsfamilie	16,1
Primär unerwünschte Schwangerschaft	10,1
Postnatal	
Partnerkonflikte	43,6
Konflikte mit der Herkunftsfamilie	36,2
Belastete Kindheit der Mutter	39,9
Soziale Isolation	32,6
Sozialökonomische Probleme	6,0
Alleinerziehende Mutter	7,8
Psychische Störungen der Mutter	46,3

[30]

All diese Bedingungsfaktoren können dazu beitragen, dass sich die Anpassungsleistung an die neue Lebenssituation schwierig gestaltet.

Schlafstörungen

„Im ersten Lebenshalbjahr ist wiederholtes, kurzes nächtliches Aufwachen physiologisch. Die meisten Säuglinge erwerben allerdings bereits innerhalb der ersten Lebensmonate die Fähigkeit, ohne wesentliche elterliche Hilfe wieder

---

[30] PAPOUSEK;Mechthild&SCHIECHE;Michael&WURMSER;Harald:*Regulationsstörungen der frühen Kindheit* S.130

einzuschlafen. Von Schlafstörungen wird gesprochen, wenn der Säugling jenseits des sechsten Lebensmonats ohne elterliche Hilfe nicht (wieder) einschlafen kann. Die mit dem exzessiven Schreien verknüpfte unreife Schlaf-Wach-Regulation in den ersten drei Lebensmonaten wird nicht als Schlafstörung im eigentlichen Sinne angesehen. Bei einer Einschlafstörung gelingt das Einschlafen nur mit Hilfe der Eltern und dauert mehr als 30 Minuten. Bei einer Durchschlafstörung kommt es zu durchschnittlich mehr als dreimaligem nächtlichem Aufwachen in mindestens vier Nächten der Woche, besonders wenn das Kind danach ohne elterliche Hilfen nicht allein wieder einschlafen kann."[31]

Phasentypische Entwicklung des Schlafverhaltens

„Häufig tragen mangelnde Kenntnisse über Schlafbedürfnis und Ein- und Durchschlaffähigkeiten des Kindes zur Entstehung von Schlafproblemen bei, ebenso wie unklare Vorstellungen über die in den unterschiedlichen Entwicklungsphasen anstehenden Entwicklungsthemen, die das Schlafverhalten beeinflussen können. Im ersten Lebenshalbjahr steht – (...) die Regulation der Schlaf-Wach-Bedürfnisse sowie die gesamte Zustandsregulation des Babys im Vordergrund. Überreizung und Überforderung der Kinder führen zusätzlich zu Schwierigkeiten, gut in den Schlaf zu finden.

Im 2. Lebenshalbjahr stellen Bindungs- Explorationsbalance und Nähe-Distanz-Regulation sowie die Bewältigung von Trennungsangst und Fremdenfurcht wichtige neue Entwicklungsaufgaben dar. Oft führen auch das Abstillen und die damit verbundene mütterliche und kindliche Ablösung zu Veränderungen im Schlafverhalten. Im 2. Lebensjahr rückt die Balance zwischen dem wachsenden

---

[31] SCHWEITZER; Jochen & SCHLIPPE; Arist von: *Lehrbuch der systemischen Therapie und Beratung II.* S. 248

Autonomiebedürfnis des Kindes und seinen gerade dadurch erneut beobachtbaren Nähebedürfnissen in den Mittelpunkt. Es kommt in vielen Alltagskontexten zu Grenzsetzungs- und Abgrenzungskonflikten. Gegen Ende des 2. Lebensjahres beginnen die Kinder mit dem Erwachen der Phantasietätigkeit, mehr und intensiver zu träumen.[32]

Physiologische Wirkfaktoren bei Schlafstörungen

„In zahlreichen Studien werden Zusammenhänge zwischen Schlafstörungen und konstitutionellen Merkmalen der betroffenen Kinder aufgezeigt, die die Bewältigung der Entwicklungsaufgaben beeinträchtigen können."[33] Hier spielt das Temperament des Kindes eine große Rolle. Z.B. Unruhe, allgemein erhöhtes Aktvitätsniveau, Irritabilität, Hyperreaktivität, mangelnde Tröstbarkeit und mangelnde Anpassungsfähigkeit tragen von Seiten des Kindes dazu bei, dass Teufelskreise der Interaktion entstehen können. „Konstitutionell bedingte, die Anpassung erschwerende Verhaltensbereitschaften und Probleme der Selbstregulation können genetisch bedingt, aber auch unter dem Einfluss pränataler, perinataler oder sogar früher postnataler Risikofaktoren erworben sein."[34] Diese Eigenschaften des Kindes machen ein differenzierteres Abstimmen von Regulationshilfen von Seiten der Eltern notwendig, um Engelskreise entstehen zu lassen.

---

[32]PAPOUSEK;Mechthild&SCHIECHE;Michael&WURMSER;Harald:*Regulationsstörungen der frühen Kindheit.*S.162

[33]PAPOUSEK;Mechthild&SCHIECHE;Michael&WURMSER;Harald:*Regulationsstörungen der frühen Kindheit* S.162

[34]PAPOUSEK;Mechthild&SCHIECHE;Michael&WURMSER;Harald:*Regulationsstörungen der frühen Kindheit* S.162

Fütterstörungen

„Vorübergehende Fütterprobleme sind im Säuglingsalter häufig. Als Fütterstörung werden sie erst dann bezeichnet, wenn die Fütterinteraktion von den Eltern über einen längeren Zeitraum – mehr als einen Monat – als problematisch empfunden wird. Wenn die einzelne Fütterung durchschnittlich mehr als 45 Minuten dauert und der Abstand zwischen den Mahlzeiten weniger als zwei Stunden beträgt, kann dies jenseits des dritten Lebensmonats als Hinweis auf eine Fütterstörung angesehen werden. Fütterstörungen sind häufig, aber nicht zwangsläufig Ausdruck interaktioneller Probleme zwischen Eltern und Kind. Sie können auch nach belastenden oder schmerzvollen Erfahrungen im Mund-Nase-Rachen-Raum auftreten, zum Beispiel nach Entzündung der Speiseröhre, aversiven Füttererfahrungen, schwerem Erbrechen oder schmerzhaften Untersuchungen."[35]

Entstehungsbedingungen von Fütterstörungen von Seiten des Kindes

Ein Indiz organischer Faktoren für die Entstehung einer Fütterstörung der frühen Kindheit ist aus Sicht epidemiologischer Stichproben eher niedrig, er liegt bei nur 5,8%[36]. Dennoch muss die Abklärung somatischer Ursachen einer Interaktionsberatung vorausgehen. Liegt die Entstehungsursache in Faktoren, die von Seiten des Kindes ausgehen, ist es auszuschließen, dass die Ursache in der Fütterinteraktion zu finden ist. Dennoch haben organische und neuromotorische Beeinträchtigungen oder auch Temperamentsmerkmale des Kindes erhebliche

---

[35] SCHWEITZER; Jochen & SCHLIPPE; Arist von: *Lehrbuch der systemischen Therapie und Beratung II*. S. 248

[36] Vgl. PAPOUSEK; Mechthild & SCHIECHE; Michael & WURMSER; Harald: *Regulationsstörungen der frühen Kindheit*. S.178

Auswirkungen auf die Interaktion zwischen den Eltern und dem Kind. So dass dieser zirkuläre Prozess beraterisch unterstützt werden sollte.

Organische/neuromotorische/mundmotorische Ursachen

Abgeklärt bzw. ausgeschlossen werden müssen organische bzw. neuromotorische/mundmotorische Ursachen wie:

- Gastroösophagealer Reflux und andere Störungen der Magen-Darm-Funktion
- Herzfehler
- Nieren- und Leberfunktionsstörung
- Hypotonie der Lippen- und Kaumuskulatur
- Überempfindlichkeit im Mundbereich und sensorische Abwehr gegenüber Berührung durch bestimmte Nahrungstexturen
- Zungenfunktionsstörungen
- Nicht ausdauerndes Saugen
- Intoleranz gegenüber altersentsprechender Kost
- Schluckstörungen[37]

Sollte eine solche organische bzw. neuromotorische/mundmotorische Ursache vorliegen, ist die enge Zusammenarbeit mit Ärzten bzw. funktionellen Therapeuten notwendig.

---

[37] Vgl. PAPOUSEK; Mechthild & SCHIECHE; Michael & WURMSER; Harald: *Regulationsstörungen der frühen Kindheit*.S.178

Temperamentsmerkmale

„Die kindlichen Verhaltensprobleme stehen im engen Zusammenhang mit Temperamentsmerkmalen wie Unruhe/Schwierigkeit, Unvoraussagbarkeit, mangelnde Anpassungsfähigkeit, mangelnde Tröstbarkeit oder Hartnäckigkeit, (...) mangelnde Anpassungsfähigkeit und Auffälligkeiten in weiteren Temperamentsmerkmalen. Derartige konstitutionelle Verhaltensbereitschaften, insbesondere Probleme, sich auf neue und wechselnde Umweltbedingungen, auf neue Fütterungsmodi, Nahrungskonsistenzen, Geschmacksrichtungen etc. einzustellen, können die Regulation der Nahrungsaufnahme maßgeblich erschweren."[38] Besonders bei der Verweigerung der Nahrungsaufnahme kommen Eltern oft an ihre Grenzen, da das Nicht-essen-wollen des Kindes mit elementaren Ängsten in Verbindung steht. Oftmals wiederholen sich Ängste aus der Prä- und Perinatalen Phase. An dieser Stelle ist es für Eltern oftmals schwer, Gelassenheit und Ruhe zu entwickeln.

Kindliche traumatische Erfahrungen im Mundbereich

Als Faktor bei der Entstehung von Fütterstörungen der frühen Kindheit ist die traumatische Erfahrung des Kindes im Bezug auf als bedrohlich erlebte Stimulation im Gesichts-Mund-Rachen-Bereich zu betrachten, die durch für das Kind unangenehme oder schmerzhafte Reize verursacht wurde. „Dies ist oft bei angeborenen Fehlbildungen des Mund-Rachen-Magen-Darm-Traktes, hier insbesondere im Anschluss an operative Korrekturen, oder bei früh- und reifgeborenen Säuglingen der Fall, die längere Zeit intensivmedizinisch behandelt und in diesem Rahmen beatmet, über den Tubus abgesaugt oder über eine Nasensonde

---

[38]PAPOUSEK;Mechthild&SCHIECHE;Michael&WURMSER;Harald:*Regulationsstörungen der frühen Kindheit* S.178

ernährt wurden. Auch Säuglinge, die im Rahmen eines gastroösophagealen Reflux lange Zeit erbrochen haben, können eine solch angstbesetzte Nahrungsverweigerung entwickeln. Nicht zuletzt auch die Anwendung von Zwang mit Festhalten, dem gewaltsamen Öffnen des Mundes oder dem Einführen von Nahrung beim Schreien kann zur Erfahrung führen, dass die Nahrungsaufnahme potentiell bedrohlich ist."[39]

Entstehungsbedingungen von Fütterstörungen von Seiten der Eltern

Zahlreiche Faktoren, wie Schwierigkeiten oder Ängste während der Schwangerschaft und Geburt eines Kindes, können sich in Form einer Fütterstörung auf die Interaktion zwischen dem Kind und seinen Eltern auswirken. Auch eigene Traumatisierungen oder Paarkonflikte kumulieren mit dysfunktionalen Interaktionsmustern und erschweren die Fütterinteraktion. Da es sich um zirkuläre Prozesse handelt, müssen Entstehungsbedingungen auf Seiten der Eltern ebenso betrachtet und im Rahmen der Beratung oder einer weiterführenden Therapie gelöst werden.

---

[39]PAPOUSEK;Mechthild&SCHIECHE;Michael&WURMSER;Harald:*Regulationsstörungen der frühen Kindheit.*S.178

Biologische Belastungsfaktoren	Häufigkeit
Pränatal, gesamt	**77,9%**
Hyperemesis (extreme Schwangerschaftsübelkeit)	20,6%
Vorausgegangene Fehlgeburten	29,8%
Infertilitätsbehandlung (Fruchtbarkeitsbehandlung)	9,9%
Vorzeitige Wehen	25,2%
Cerclage (Muttermundverschluss)	2,1%
Gesotose (Schwangerschaftsvergiftung)	3,2%
Nikotinabusus	13,1%
Perinatal, gesamt	**43,1%**
Sectio	29,0%
Vacuum/Zange	9,5%
Schwere Geburtskomplikation Kind	5,7%
Schwere Geburtskomplikation Mutter	2,1%
Mangelgeburt(<3. Perzentile)	7,4%
Amnioninfektionssyndrom (Eileiterinfektion)	6,4%
Postnatal, gesamt	**86,8%**
Familie Atopie	55,2%
Atopie Kind	15,5%
Rezidivierende Infektion	28,3%
Hospitalisation	21,6%
Neurologische Auffälligkeiten	42,6%
Entwicklungsstörungen	5,3%

---

[40] PAPOUSEK;Mechthild&SCHIECHE;Michael&WURMSER;Harald:Regulationsstörungen der frühen KindheitS.181

Störungen im Bindungs- und Explorationsverhalten/Phasentypische Entwicklungsaufgabe im 2. Lebensjahr

Als Regulationsstörungen im 2. Lebensjahr fallen Störungen im Bindungs- und Explorationsverhalten in Form von exzessivem Klammern und/oder exzessivem Trotzen des Kindes auf, welches über das übliche Maß dieses Entwicklungsschrittes hinausgeht. Ursächlich hierfür wird aus entwicklungspsychologischer Sicht angenommen, dass die Kinder während ihrer bisher bewältigten Entwicklungsaufgaben zu wenig eigenständige Selbstwirksamkeitserfahrungen machen konnten und diese im Prozess der Autonomieentwicklung nachzuholen versuchen bzw. aufgrund unausgereiftem Selbstwirksamkeitserleben unzureichend in der Lage sind, mit der Entwicklungsaufgabe der Autonomieentwicklung selbstregulatorisch angemessen umgehen zu können.

„Die wachsende Mobilität öffnet dem Kind bereits zu Beginn des 2. Lebensjahres mit dem freien Laufen und Klettern einen schier unbegrenzten Raum für seine Erkundungsbedürfnisse, denen es mit einem Hochgefühl von Begeisterung, Wirkmächtigkeit und Eigenwilligkeit folgt, die es aber auch unausweichlich an Grenzen stoßen lassen und die mit den Schutzmaßnahmen der Bindungspersonen und den Regeln der sozialen Umwelt in Konflikt geraten."[41] Die wachsenden Autonomiebedürfnisse werden also zum Thema der Eltern-Kind-Interaktion. Trotzanfälle gehören demnach zu dieser spezifischen Entwicklungsstufe genauso wie Rückversicherung/Klammern bei/an den Eltern. „Die im späten Säuglingsalter und Kleinkindalter beobachteten Verhaltensauffälligkeiten lassen sich unschwer als Extremvarianten normaler frühkindlicher Probleme der emotionalen Verhaltensregulation wiedererkennen, die im Rahmen der Bewältigung von phasentypischen Entwicklungsaufgaben, möglicherweise auch von kritischen

---

[41]PAPOUSEK;Mechthild&SCHIECHE;Michael&WURMSER;Harald:*Regulationsstörungen der frühen Kindheit.*S.218

Lebensereignissen (wie Geburt eines Geschwisterkindes, Hospitalisation, Krippeneintritt, Umzug u.a.) in gesteigerter Form zutage treten können.[42] Die entwicklungsbedingten Schwierigkeiten kumulieren bei diesen Störungsbildern mit multiplen prä-, peri- und postnatalen organischen und psychosozialen Belastungsfaktoren, die die Selbstregulation des Kindes und/oder die psychische Verfassung der Eltern und ihre Kommunikations-, Beziehungs- und Erziehungskompetenzen beeinträchtigen und damit zur Entstehung und Aufrechterhaltung dysfunktionaler Interaktionsmuster im alltäglichen Miteinander zwischen Eltern und dem Kind führen. In vielen Fällen ging diesem Störungsbild eine Störung in einem früheren Regulationsbereich (Schreien, Schlafen, Essen) voraus.

---

[42]PAPOUSEK;Mechthild&SCHIECHE;Michael&WURMSER;Harald:*Regulationsstörungen der frühen Kindheit* S.222

Beratung und Therapie von Regulationsstörungen

Da es sich bei der Entstehung und Aufrechterhaltung von Regulationsstörungen um multikomplexe Faktorenzusammenhänge handelt, sind unterschiedliche, individuelle Ansatzpunkte gemeinsam mit dem Familiensystem zu betrachten. Die folgenden Ausführungen stellen mögliche Wege dar, Regulationsstörungen, die vor allem die Interaktion zwischen dem Kind und den Eltern betreffen, zu lösen.

Da es den Rahmen dieser Arbeit sprengen würde, auf ausgeprägte Schwierigkeiten, Belastungen, Probleme oder Traumatisierungen sowohl auf Seiten des Säuglings bzw. Kleinkindes, als auch auf Seiten der Eltern einzugehen, werden diese zwar wahrgenommen und benannt, die Beratung und Therapie kann allerdings nicht im Rahmen der Regulationsstörungsberatung erfolgen. Regulationsstörungsberatung umfasst die direkte Interaktion zwischen Kind und Eltern, wobei die Repräsentationen, Glaubenssätze und traumatischen Erfahrungen der Eltern eine große Rolle spielen können und auch in die Beratung/Therapie einbezogen werden, allerdings immer in direkter Rückkopplung auf die Interaktion mit dem Kind. Die Lösung von Entwicklungsaufgaben (Anhang Punkt 1.), wie auch die der Selbstregulation eine ist, gelingt durch die gegenseitige Abstimmung der frühen Eltern-Kind-Interaktion.

„In der kommunikationsorientierten Schlafberatung (Regulationsberatung) und Psychotherapie hat sich ein differenziert auf Kind und Familie abgestimmtes Vorgehen bewährt:

- Bei einfachen, isolierten Schlafstörung (Regulationsstörung) ist das (...) Vorgehen mit Entwicklungsberatung, Kommunikationsanleitung und psychotherapeutischer Vorbereitung der Interventionen nach einem beziehungsstärkenden Einschlafritual oder ein abgestuftes Vorgehen zu empfehlen.

- (....)

- Werden bei den anamnestischen und vorbereitenden Gesprächen „Gespenster im Schlafzimmer" (Barth, 1999, Fraiberg, 1980) spürbar und geweckt (z.B. Projektionen eigener Verlassenheitsgefühle und Nähebedürfnisse auf das Kind), so richtet sich der Fokus in Abstimmung mit der Mutter/dem Vater auf eine erfolgreiche Vertreibung der Gespenster im Sinne einer psychodynamisch orientierten Psychotherapie. Gehen die psychodynamischen Probleme eines Elternteils deutlich über den Beziehungskontext zum Kind hinaus, wird die Möglichkeit einer individuellen Psychotherapie aufgezeigt und angeregt.

- Steht die Schlafstörung (Regulationsstörung) mit einer schwelenden, möglicherweise tabuisierten Paarproblematik in Zusammenhang, wird dies nach Möglichkeit in paartherapeutischen Sitzungen mit beiden Eltern angesprochen und bearbeitet. Auch hier könnte Bedarf und Wunsch einer externen Paarberatung oder Familientherapie zur Sprache kommen und ggf. vermittelt werden."[43]

Die Notwendigkeit von Netzwerken

Aufgrund der bereits dargestellten Komplexität des Störungsbildes ist in manchen Fällen die Zusammenarbeit unterschiedlicher Professionen notwendig.

Nahezu jede Familie, deren Säugling oder Kleinkind eine Regulationsstörung aufweist, ist am Ende ihrer Kräfte. Erschöpfung, Wut, Konflikte, Resignation, Selbstzweifel sind Gefühle, die Eltern in dieser Situation gut kennen. Viele Elternteile ziehen sich zurück, erleben soziale Isolation, weil sie ja „mit so einem Kind nirgends hingehen können". Soziale Isolation ist zudem ein Faktor, der Regulationsstörungen begünstigt bzw. verstärkt. Manche Eltern, die sich in einer solchen Situation befinden, haben keine Angehörigen in ihrer näheren

---

[43] PAPOUSEK;Mechthild&SCHIECHE;Michael&WURMSER;Harald:*Regulationsstörungen der frühen Kindheit* S. 167ff

Umgebung, die ihnen das Kind mal abnehmen bzw. haben zu ihrer Herkunftsfamilie keinen angemessen guten Kontakt. Diese mangelnde Unterstützungsmöglichkeit bzw. das Unverständnis der Umgebung oder der Scham der Eltern tragen enorm dazu bei, dass sich Teufelskreise verfestigen.

Das soziale Netzwerk

Durch die gesellschaftlichen Veränderungen werden neue Modelle der Unterstützung für Familien notwendig. Die Kommunen reagieren unterschiedlich auf diesen Bedarf und schaffen vielerorts Netzwerke für Familien, die Entlastung bieten und somit die sozialen Ressourcen von jungen Familien ergänzen. So bieten Träger gemeinnütziger Einrichtungen z. B. Babysitterdienste an. Leihomas/opas und Familienpatenschaften sind Projekte, die junge Familien entlasten und unterstützen. Vielen Müttern oder auch Vätern hilft es enorm, wenn die Leihoma mit dem Baby im Kinderwagen spazieren geht, während sie oder er ein bisschen Schlaf nachholen kann, um danach wieder einigermaßen gestärkt mit dem Kind umzugehen. Auch Müttergruppen bieten die Möglichkeit, raus zu kommen und Mütter oder auch Väter zu treffen, denen es vielleicht ähnlich geht. Sind Familiensysteme besonders stark belastet, stellt sich die Frage, ob eine Möglichkeit der Tagespflege für bis zu 20 Stunden wöchentlich sinnvoll wäre, um Entlastung im Alltag zu schaffen und die positive Bezogenheit der Familienmitglieder dadurch zu unterstützen.

Das interdisziplinäre Netzwerk

Das Hinzuziehen anderer Professionen in das Helfersystem ist in einigen Fällen sinnvoll, bedarf aber selbstverständlich immer des Einverständnisses der Eltern. Von Seiten des Kindes kann – nach eingehender Diagnose – in manchen Fällen z. B. die Zusammenarbeit mit einem Ergotherapeuten, einem Osteopathen oder einem Logopäden sinnvoll sein. Eine Absprache mit dem Kinderarzt ist, wenn die Eltern dem einwilligen, immer wichtig, im Fall einer Fütterstörung sogar notwendig.

Um Entstehungsfaktoren, die von Seiten der Eltern das dysfunktionale Interaktionsmuster begünstigen, ausreichend behandeln zu können, ist es oftmals von Bedeutung, das Elternpaar an eine Paarberatung zu vermitteln bzw. Mutter oder Vater die Möglichkeit einer Psychotherapie aufzuzeigen (siehe Punkt 3.). Diese Beratungsinhalte sollen abgekoppelt von der Interaktionsbehandlung zwischen dem Kind und den Elternteilen erfolgen. Erlauben die Eltern den Austausch unter den Professionen, bereichert das in aller Regel die jeweiligen Beratungskontexte.

Entwicklungsberatung

„Die entwicklungspsychologisch fundierte Beratung vermittelt allgemeine Informationen zur kindlichen Entwicklung (Schlafbedarf, Trennungsangst, Trotzalter, individuelle Variabilität u.a.) und nimmt konkret auf die aktuell zu bewältigenden Probleme und anstehenden Entwicklungsaufgaben Bezug (Einführen von Regeln, selbstständiges Essen u.a.) Gemeinsam mit den Eltern orientiert sich der Therapeut an den beobachtbaren Stärken und Schwächen, den phasenspezifischen und individuellen Bedürfnissen des Kindes und seinem Entwicklungsstand und erarbeitet mit den Eltern, welche Herausforderungen sich daraus in Bezug auf ihre Einstellungen, Erwartungen und Erziehungskompetenzen ergeben. Die Entwicklungsberatung kann wirksam eingesetzt werden, um den Eltern einen emotionalen Zugang und ein besseres Verständnis der Erfahrungsebene ihres Kindes, seiner Bedürfnisse, Signale und Interessen zu ermöglichen."[44] Der Entwicklungsberatung durch Pädagogen/Psychologen kommt heutzutage eine enorme Bedeutung zu, da Erziehungskompetenzen und Haltungen seltener als früher im Familiensystem weitergegeben werden. Dies hat mit unterschiedlichen Faktoren zu tun. Ein entscheidender ist sicherlich der Wegfall der Großfamilien, aber auch die Tatsache, dass sich das Wissen über entwicklungsförderliche Erziehungsstile verändert hat. So wirken viele Ratschläge, die junge Mütter zum Teil von ihren eigenen Müttern bekommen, befremdlich, da sie sich mit dem heutigen Aufwachsen von Kindern schwer vereinbaren lassen. Auch die Vielzahl der Erziehungsratgeber kann auf Eltern verwirrend wirken, so dass sie sich bei einer Fachkraft rückversichern wollen.

In vielen Fällen wirkt die Entwicklungsberatung bei der Lösung von Regulationsstörungen bereits enorm. Durch die Wissenserweiterung können neue Lösungsmuster entdeckt und ausprobiert werden. Zudem nimmt die Entwicklungsberatung den Eltern Ängste und Schuldgefühle und bietet Entlastung. Der Gedanke „ich bin keine gute Mutter/kein guter Vater", wird abgelöst von dem Gedanken „ach, Kinder schreien nun mal?" Oder „ach, anderen Eltern geht es auch so?" Bereits eine solche Erkenntnis kann das System Familie so stark entlasten, dass dysfunktionale Muster ersetzt werden können, etwas Neues kann sich etablieren.

Neben der Entwicklungsberatung in Form von reiner Wissensvermittlung bietet sich die Methode des „Videogestützten Arbeitens" an, im Anhang vorgestellt.

Diese Methode hat den Vorteil, dass gelungene Sequenzen in den Vordergrund gerückt werden und somit die positive Rückkopplung in der Interaktion beobachtbar wird. Außerdem können Verhaltensweisen wie z. B. die

---

[44] PAPOUSEK;Mechthild&SCHIECHE;Michael&WURMSER;Harald:*Regulationsstörungen der frühen Kindheit* S.290

Selbstregulation des Kindes beobachtet und erklärt werden. Es lässt sich also beobachten, was dem Kind schon zugetraut werden kann bzw. welche Fähigkeiten das Kind bereits entwickelt hat.

Systemisches Handwerkszeug
Die Beratungshaltung

„In diesem Zusammenhang erzählt Stern von einer jungen Frau, die ihren Sohn allein, das heißt ohne Verwandte, die sie besuchten und unterstützen, in einer großen Klinik zur Welt gebracht hatte. Auf die Frage, mit wem sie in dieser Situation am liebsten gesprochen habe, habe sie zunächst verlegen reagiert und dann erzählt, dass es weder die Ärztin noch der Psychologe gewesen sei, mit denen sie am liebsten gesprochen habe, sondern eine ältere Putzfrau, die regelmäßig kam und jedes Mal das Kind liebevoll anschaute, und so Sätze sagte wie: *„Ach ja, das ist ein ganz Süßer, ihr Kleiner...*"[45] Dieses Beispiel macht deutlich, dass hilfreiche Personen im besten Fall zwar auch über explizites Fachwissen verfügen, besondere Wichtigkeit aber den Haltungen wie Wärme, Akzeptanz, Wertschätzung und Gelassenheit zukommen. Die Fähigkeit des Beraters/des Therapeuten, Schwierigkeiten auszuhalten und ein Stück weit mit zu tragen, sind Ressourcen im Beratungsprozess, die Vertrauen und Sicherheit beim Klienten entstehen lassen. In diesem Zusammenhang lässt sich auch „von einer Halt gebenden Präsenz sprechen"[46] oder wie Stern betont, von einer „guten

---

[45] BORKE; J. & EICKHORST; A. (Hg.): *Systemische Entwicklungsberatung in der frühen Kindheit.*.S. 111

[46] BORKE; J. & EICKHORST; A. (Hg.): *Systemische Entwicklungsberatung in der frühen Kindheit.* S. 111

Großmutter"[47], die die junge Familie begleitet, unterstützt und ein Gefühl zunehmender Gelassenheit entstehen lassen kann. Besonders im Hinblick auf die große Herausforderung der Anpassung an die neue Lebensform, die meist hohe emotionale und körperliche Erschöpfung der Eltern beim Ankommen in dieser Lebensphase ist eine tragende, (groß-)mütterliche Beraterin von enormer Bedeutung.

Zudem erfordert die Haltung des Beraters/Therapeuten ein offenes, wertschätzendes Herangehen und Kennenlernen der Familie und dessen Umfeld sowie den engen Kontakt, um in ständiger Kommunikation mit der Familie nach Lösungsmöglichkeiten zu suchen, welche zur Verbesserung der familiären Situation führen und somit stimmig für das individuelle Familiensystem sind. „Dabei unterbreiten die Berater keine allgemeingültigen Ratschläge und rigiden Verhaltensprogramme, sondern bewegen sich sehr eng an den Bedürfnissen und Möglichkeiten der jeweiligen Kinder und Eltern. Dies darf allerdings nicht mit einer Haltung verwechselt beziehungsweise gleichgesetzt werden, die den Eltern suggeriert, dass in jedem Fall alles gleich gut und gleich schlecht ist und es letztendlich völlig egal ist, was die Eltern machen. Eine solche Haltung könnte zum einen dazu führen, dass sich die Eltern allein gelassen fühlen und zum anderen könnten die Berater in einer solchen Auslegung eine gewissen Position der Gleichgültigkeit annehmen, durch welche stark überforderte und hilflose Familien Gefahr laufen können, sich weiter in negativen Entwicklungsverläufen zu verstricken."[48] Die Berater sollen demnach Wissen in die Beratung einbringen, durchaus auch Vorschläge in Form von Fragen formulieren und die Eltern ermutigen, die Umsetzbarkeit zu überprüfen. Ebenso wichtig ist es, die individuellen

---

[47] STERN; Daniel. S.: *Die Mutterschaftskonstellation.* S.227

[48] BORKE; J. & EICKHORST; A. (Hg.): *Systemische Entwicklungsberatung in der frühen Kindheit.* S. 97

Wünsche, Ängste, Ideen und Überzeugungen der Eltern zu erfragen und die folgenden Beratungsschritte darauf abzustimmen. „Dies bedeutet auch, dass mögliche Veränderungen nur dann für eine Familie als sinnvoll angesehen werden können, wenn bei den Eltern ein Gefühl der Stimmigkeit und Akzeptanz entsteht."[49]

Ressourcenorientierung im Prozess der Regulationsstörungsberatung
Ressourcen im Familiensystem

„Wenn man als Therapeut in einem Problemsystem arbeitet, bewährt es sich, sich der Ressourcen des Systems zu bedienen, um es damit zu neuen Lösungen einzuladen. Zu den Ressourcen gehören sämtliche Talente, Fähigkeiten, Stärken, Kompetenzen und Begabungen, die sich im System verbergen. Der Therapeut entpuppt sich also nicht als Problemlöser, sondern als Ressourcenentdecker und als Katalysator des Ressourcenfindens im Problemsystem. Die Familie ist daher einerseits aktiv an der Ressourcenentdeckung und -wertschätzung beteiligt, andererseits wird sie dorthin begleitet.[50] Bezieht man die Ressourcenorientierung auf ein Familiensystem, bei dem eine Regulationsstörung des Kindes vorliegt, ist es sinnvoll, nach Ausnahmen zu schauen. Also wann z. B. das Kind alleine einschlafen oder besonders gut essen konnte und was in diesem Moment anders war. Welches der beiden Elternteile ist am besten in der Lage, diese Situation zu schaffen und zu begleiten? So ist es z. B. oftmals der Vater, der mit dem Weinen besser umgehen kann, das Kind zwar nicht alleine lässt, aber anders, funktionaler beruhigen kann, als vielleicht die Mutter das tut. Hier stellt sich die Frage, ob

---

[49] BORKE; J. & EICKHORST; A. (Hg.): *Systemische Entwicklungsberatung in der frühen Kindheit.* S. 97

[50] ROMEIKE; Gerd; IMELMANN; Horst (Hrsg.): *Eltern stärken und verstehen.* S. 144

der Vater öfter solche Situationen gestalten kann und wie das für die Mutter ist, sich in diesem Moment zurückzuziehen. Im Gegenzug sollte dann auch auf Ressourcen geschaut werden, über die überwiegend die Mutter verfügt. Kann sie z. B. das Kind schneller beruhigen, wenn es wirklich verzweifelt ist und intensivere Regulationshilfe der Eltern braucht? Worin liegt also die Stärke der einzelnen Elternteile, wie können sie diese einbringen und wie kann das Paar diese Stärken ausbalancieren, ohne sich gegenseitig zu schwächen. Ebenso wichtig ist es, genau darauf zu achten, was dem Baby/Kleinkind zugetraut werden kann. Welche Ressourcen sind bereits bei ihm vorhanden, in welchen Situationen ist das Baby kompetent genug, sich selbst zu helfen, und in welchen Situationen ist es auf Unterstützung der Eltern angewiesen. Hier gibt die Entwicklungsberatung oftmals schon Auskunft darüber. Besonders sinnvoll erweist sich die Methode „Videogestütztes Arbeiten", vorgestellt im Anhang unter Punkt 3.2.3.

Personale Ressourcen des Elternteils

In manchen Lebenssituationen sind Ressourcen und Fähigkeiten dem einzelnen Menschen nicht im Bewusstsein, obwohl die Person die Fähigkeiten in sich trägt. Wie im ersten Teil dieser Arbeit dargestellt, ist die Anpassung an die neue Lebenssituation „Elternschaft" vor allem beim ersten Kind eine große Herausforderung, deren Bewältigung andere Ressourcen für die Eltern notwendig macht, als das Leben vorher bzw. die Umsetzung der vorhandenen Ressource anders funktioniert. Besonders verunsicherte, erschöpfte Eltern zweifeln an ihren Fähigkeiten und verfügen über sehr wenig Selbstwirksamkeit. Diese zu stärken und somit den Fokus auf Funktionales zu lenken, kann Teil der Regulationsstörungsberatung sein, da es dazu beiträgt, „Teufelskreise" zu durchbrechen. Methoden, die sich dazu eignen, sind im Anhang unter den Punkten 3.2.1. und 3.2.2. zu finden. Sie dienen dazu, dem Elternteil Ressourcen und Fähigkeiten ins Gedächtnis zu rufen und diese auf die neue Situation, die Elternschaft, bzw. die

Schwierigkeiten in der Interaktion umzumünzen. Die Stärke, Selbstwirksamkeit und Ruhe, die das Elternteil dadurch entwickelt, wirkt sich wiederum auf die Interaktion und somit auf die Regulationsfähigkeit des Kindes aus.

Neben der Anwendung von stärkenden Methoden sind auch „warme Duschen" wichtig im Beratungsprozess, um die Ressourcen des Klienten/der Klientin zu stärken. Die echte Wertschätzung der Problematik bzw. der Leistung der jungen Eltern, mit der Situation umzugehen, wirkt stärkend auf die Eltern und bereichert die Beziehung zwischen der Beraterin/Therapeutin und dem Klienten/der Klientin.

Lösungsorientierung im Prozessverlauf

Der systemische Ansatz baut darauf, dass jedes System seine Lösung in sich trägt, sie nur manchmal verschüttet ist und neu aktiviert werden soll. „Lösungen, oder zumindest Lösungsansätze sind immer vorhanden, wenn man nur genau hinsieht, sie müssen nur ins Bewusstsein geholt werden."[51] Meist müssen während des Beratungsprozesses keine neuen Lösungsmöglichkeiten von außen in das Familiensystem getragen werden, sondern die genaue Betrachtungsweise der bereits ansatzweise gezeigten Lösungsmöglichkeiten, der familiären und personalen Ressourcen und der Ausbau dieser, dienen dazu, Wege aus der schwierigen Situation zu finden. Allerdings bereichert die Entwicklungsberatung die Lösungsfähigkeiten des Familiensystems und regt an, neue Lösungen zu entdecken, da das zunehmende Wissen über Bedürfnisse und Fähigkeiten des Kindes dazu beiträgt, funktionale Muster der Interaktion zu entdecken. Auf viele Elternteile führt der Wissensgewinn der Entwicklungsberatung dazu, neue

---

[51] BORKE; J. & EICKHORST; A. (Hg.): *Systemische Entwicklungsberatung in der frühen Kindheit.* S. 40

Lösungswege zu erkunden. Lösungen, die vor dieser Beratung undenkbar waren. Dies soll an einem Beispiel veranschaulicht werden: Eine junge Mutter war der festen Überzeugung, dass ein Säugling oder Kleinkind niemals weinen dürfe, da es die Bindungsfähigkeit enorm gefährde. Während der Entwicklungsberatung erfuhr diese Mutter, dass Weinen auch etwas gesundes, normales im Entwicklungsverlauf von Kindern ist und dass es Kinder gibt, vor allem die, die zu Überreizung neigen, die sich über wenige Minuten in den Schlaf weinen, ohne dass sie davon Schaden nehmen. Dieses Wissen ermutigte die Mutter dazu, ein neues Muster zu entwickeln. Sie schaffte es nun, die selbstregulatorischen Fähigkeiten des Kindes zuzulassen, so dass das Kind selbst das Weinen unterbrechen konnte, nachdem es die Überreizung durch Weinen abgebaut hatte. „Jetzt kommt es darauf an, das System einzuladen, darüber nachzudenken, wie gelungene Kommunikation aussehen kann und dieses schon einmal zu üben. Dieses Üben muss ggf. sehr kleinschrittig stattfinden."[52] Das Lösungsorientierte Interview, zu finden im Anhang unter Punkt 3.1. stellt ein mögliches Gerüst zum Lösungsfokussierten Arbeiten mit der Familie dar und sollte in jeder Regulationsstörungsberatung zur Anwendung kommen. Zu erwähnen beim Lösungsorientierten Arbeiten bleibt auch die Methode des Videogestützten Arbeitens, ausführlich erläutert im Anhang unter Punkt 3.2.3.

Vom dysfunktionalen zum funktionalen Interaktionsmuster – oder vom „Teufelskreis" zum „Engelskreis"

„Auch sehr ausgeprägte und leidvolle Muster im Verhalten können sich aus sehr kleinen Anfangstendenzen durch gegenseitig verstärkende Interpretationen und „Reaktionen" im weiteren Prozess entwickeln. (...) Hat sich ein solches Muster

---

[52] ROMEIKE; Gerd; IMELMANN; Horst (Hrsg.): *Eltern stärken und verstehen.* S. 149

in einem Prozess erst einmal sehr deutlich manifestiert, so lässt es sich nicht mehr so leicht ändern. Typischerweise weist es eine Überstabilität auf, was unter anderem damit zu tun hat, dass die Ressourcen für neue Lösungen durch Fixierung auf das problematische Geschehen vermindert sind."[53] Dies soll an einem Bespiel erläutert werden: Ein Säugling, der sich nur durch Tragen und intensiven Körperkontakt beruhigen kann, bekommt dieses Angebot von den überlasteten Eltern immer, da es für den Moment hilft. Ist der Säugling allerdings reifungsbedingt in der Lage, auch ohne intensiven Körperkontakt zur Ruhe zu kommen, fällt das nicht auf, weil er keine Möglichkeit hat, es zu erproben bzw. die Eltern keine Möglichkeit haben, es zu beobachten. Da er die Erfahrung machte, dass Beruhigen nur am Arm der Eltern funktioniert, fordert er dieses auch ein. Auch die Eltern haben die Erfahrung gemacht, dass Körperkontakt die Situation entschärft und reagieren rasch mit Hochnehmen und Tragen. Für alle Interaktionspartner ist es in einer solchen Situation unvorstellbar, dass das, was hilft, auf Dauer ein dysfunktionales Muster ist, das die Weiterentwickelung hemmt.

Besonders die ersten Musterbildungen, während der Anpassung an die neue Lebenssituation „Familie" oder „Elternschaft", sind, wie bereits erwähnt, eine besondere Herausforderung für alle Beteiligten. „Denn hier müssen sich ja die spezifischen „Anlagen" in Form von Fähigkeiten, Bedürfnissen, Eigenheiten und so weiter des Kindes einerseits und die ebenfalls spezifischen Bedingungen, Bedürfnisse, Erwartungen, Vorstellungen der Eltern andererseits zueinander passend gestalten – und zwar in einer für alle Seiten hinreichend befriedigenden

---

[53] BORKE; J. & EICKHORST; A. (Hg.): *Systemische Entwicklungsberatung in der frühen Kindheit.* S. 29

Weise."⁵⁴ Vielen Familien oder Elternteilen, die sich zur Regulationsstörungsberatung anmelden, ist bereits mit Entwicklungsberatung und Interaktionsberatung in Form vom „Videogestützten Arbeiten" geholfen. Diese Familien schaffen es, gemeinsame Wege zu entwickeln, indem die Eltern mehr Wissen über Bedürfnisse und Fähigkeiten im Allgemeinen bekommen und die Signale ihres Kindes im Besonderen zu deuten lernen. Dennoch gibt es immer wieder Familien, deren dysfunktionales Muster in der Interaktion tiefer geht. Manchmal hat es sich schon zu sehr verfestigt, oder es liegen Vorbelastungen in Form von Repräsentationen bei den Eltern, wie Glaubenssätze, Überzeugungen, innere Bilder oder Traumatisierungen vor, die es schwer machen, das Kind abgekoppelt davon zu sehen und somit eine überwiegend gelungene Interaktion verhindern. Stern schreibt in seinem Buch „Die Mutterschaftskonstellation": „Zunächst einmal bildet die Interaktion zwischen Mutter und Kind den Schauplatz, auf dem die heikelsten Repräsentationen, Wünsche, Ängste und Phantasien, die Eltern in Bezug auf ihren Säugling hegen können, zur Inszenierung gelangen."⁵⁵

Elemente aus der Mutter-Kind-Therapie von Stern „Die Mutterschaftskonstellation"

Die „Mutter-Säuglings-Interaktion⁵⁶ besteht aus den beobachtbaren Verhaltensweisen, die beide Beteiligte in Reaktionen aufeinander und gemeinsam zeigen. Die Interaktion ist für einen dritten Beteiligten, etwa für den Therapeuten, (…)

---

[54] BORKE; J. & EICKHORST; A. (Hg.): *Systemische Entwicklungsberatung in der frühen Kindheit.* S.37

[55] STERN; Daniel. S.: *Die Mutterschaftskonstellation.* S.77

[56] Gemeint sind primäre Bezugspersonen, in diesem Zusammenhang die Mutter, auch der Vater ist möglich. Stehen die leiblichen Eltern aus unterschiedlichsten Gründen nicht als primäre Bezugspersonen zur Verfügung, kann diese Rolle eine andere Person einnehmen.

sichtbar und hörbar. (…) Eine weitere Beziehungsdeterminante ist die Art und Weise, wie die Interaktion durch die zahlreichen Blickwinkel, die für den Teilnehmer der Interaktion charakteristisch sind, wahrgenommen und interpretiert wird. Ich denke dabei etwa an die Blickwinkel der Phantasie, der Hoffnungen oder Ängste, der Familientraditionen und -mythen, an wichtigen persönlichen Erfahrungen, aktuellen Zwänge und eine Vielzahl anderer Faktoren. (…) Wir können dem Modell also die Repräsentationen der Mutter (…) hinzufügen, die sich aus ihren subjektiven Erfahrungen sowie aus ihren Interpretationen der objektiv zugänglichen Interaktionsvorgänge aufbaut, zu denen auch ihr eigenes Verhalten sowie das Verhalten des Babys gehören.(…) Die Mutter ist jedoch nicht die einzige Person, die eine Repräsentation dessen, was während der Interaktion geschieht, entwickelt. (…) Auch das Baby ist überaus aktiv damit beschäftigt, diese Interaktion auf der Grundlage seiner Erinnerungen an analoge Vorläufer zu repräsentieren. Auch der Säugling errichtet eine repräsentationale Welt, die der aktuellen Interaktion Bedeutung verleiht und ihm als Orientierung dient."[57] Dieses System lässt sich ergänzen, durch „weitere wichtige Bezugspersonen (…), deren biologische Beziehung zum Kind nicht relevant ist. (…) Ich möchte all diese Faktoren vorerst unter dem Begriff *Unterstützungssystem* zusammenfassen, ohne den potentiellen spezifischen Einfluss zu berücksichtigen, den beispielsweise der Kindergarten, andere Eltern-Kind-Gruppen, das medizinische Versorgungssystem, Hausbesuche, Familiennetzwerke, finanzielle Gegebenheiten und viele andere Faktoren ausüben. Unterstützungssysteme im oben beschriebenen Sinn können als kontinuierlicher Hilfsfaktor oder als episodischer Einfluss auf nahezu jedes Element des Grundmodells einwirken. Die Beziehung des Unterstützungssystems zum Grundmodell lässt sich schematisch wie folgt darstellen:

---

[57] STERN; Daniel. S.: *Die Mutterschaftskonstellation.* S. 20

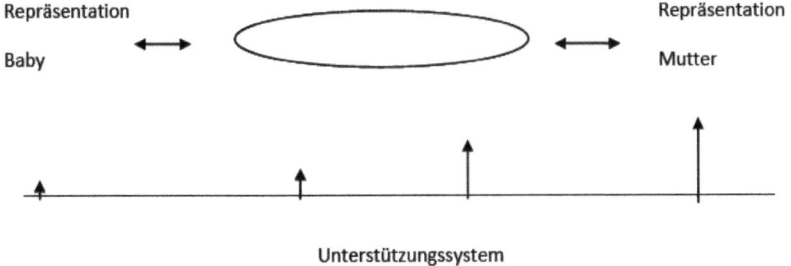

Dieses Schema versucht der Tatsache Rechnung zu tragen, dass das Unterstützungssystem seinen größten unmittelbaren Einfluss auf die Repräsentationen der Mutter ausübt und vielleicht einen ebenso großen Einfluss auf das Verhalten, das sie dem Baby gegenüber zeigt. Der direkte Einfluss des Unterstützungssystems auf das beobachtbare Verhalten des Babys ist weitaus geringer, weil sich die Bemühungen des Unterstützungssystems zumeist auf die Mutter und ihr Verhalten als Mutter konzentrieren."[59] Die Konzentration der therapeutischen Interventionen auf die Mutter und ihr Verhalten ist auch deshalb der richtige Weg, weil Säuglinge und Kleinkinder aus Interaktionen mit ihren direkten Bezugspersonen lernen. Das oben dargestellte Modell von Stern macht deutlich, dass vier grundlegende Aspekte, nämlich die Repräsentation und Aktion des Babys sowie die Repräsentation und Aktion der Mutter Gegenstand der Interaktion sind. Diese Elemente stehen in einer dynamischen Beziehung zueinander und beeinflussen sich wechselseitig. Verändert die therapeutische Intervention einen dieser Aspekte, verändern sich automatisch die übrigen Einzelaspekt.

---

[58] STERN; Daniel. S.: *Die Mutterschaftskonstellation*. S. 23

[59] STERN; Daniel. S.: *Die Mutterschaftskonstellation*. S. 23

Therapeutischer Ansatzpunkt „Aktion des Babys"

Die Aktion, sprich das Verhalten des Babys, steht in engem Zusammenhang mit der Umgebung und den Beziehungen, die ihm durch Strukturen und Interaktionserfahrungen zur Verfügung stehen. So beinhaltet die Entwicklungsberatung in der praktischen Anwendung immer Informationen über altersentsprechende Tagesabläufe, Rituale etc., die individuell auf die Bedürfnisse des Kindes und der Familie abgestimmt werden. Es handelt sich dabei vielmehr um verhaltenstherapeutische Inhalte, die, so sie für die Familie umsetzbar sind, von großem Erfolg sein können. Die Aktion/das Verhalten des Babys verändert sich erheblich durch Strukturen und gelungene Interaktionen. Hierzu einige Beispiele: Ein ganz junger Säugling, der mehrere Stunden nicht schläft, ist häufig so stark überreizt, dass er sich nicht mehr beruhigen lässt und ein „Teufelskreis" entsteht. Achten die Eltern nun drauf, dass er nach 1,5 Stunden Wachsein ein Schläfchen hält bzw. fügen Rituale in den Tagesablauf ein, die dies ermöglichen, wird er ruhiger und schreit weniger. Seine Aktion/sein Verhalten verändert sich dementsprechend durch klare, auf seine Bedürfnisse abgestimmte Strukturen. Das Verhalten eines Säuglings/Kleinkinds verändert sich auch, wenn er/es in guten Zeiten genug Aufmerksamkeit und Nähe bekommt. Beobachten lässt sich dies oft bei Kindern, die als drittes oder viertes Kind in einer Familie geboren werden und deren Mutter verständlicherweise wenig „wirkliche Zeit" mit dem Säugling verbringen kann. Auch Mütter, die depressive Verstimmungen haben, sind oftmals weniger gut in der Lage, wirklichen Kontakt zum Säugling herzustellen. Diese Kinder fordern oft durch ein scheinbares „nicht alleine schlafen wollen" die Nähe ihrer Mutter bzw. sie sind unruhiger und schlechter reguliert. Therapeutische Ansatzpunkte, die Aktionen des Kindes zu verändern, setzen also auch immer bei den Bedingungen an, die die Eltern schaffen können. Neben anderen Strukturen und Ritualen im Tagesablauf hat es sich auch bewährt, die Eltern anzuleiten, vor dem Einschlafritual eine „wirklich gute Zeit" mit dem Kind zu verbringen, in der gekuschelt wird oder je nach Alter und Interesse des Kindes die Zeit verbracht wird. Gelingt dies gut, ist also das Grundbedürfnis des Kindes nach Nähe und Zuwendung befriedigt, kann das Kind seine Aktion/sein Verhalten dahingehend verändern, dass es sich besser selbst beruhigen und regulieren kann. So leitete ich vor kurzem eine Mutter, die unter einer postpartalen Depression litt, an, mit ihrem Säugling, der Regulationsstörungen im Bereich Schreien, Schlafen und Essen hatte, eine Babymassageeinheit durchzuführen. Diese Einheit verlief sehr harmonisch, die Mutter war zwar reizverzögert in ihren Bewegungen, aber dem Kind zugewandt, es entstand Blickkontakt und eine gute Interaktion. Das Kind hat scheinbar so aufgetankt, dass es seine Aktion, sein Verhalten, verändern konnte. Das Essen und Schlafen war an diesem Tag fast problemlos möglich, das Schreien war reduziert. Die Mutter war überrascht und stolz, diese Erfahrung passte nicht zu ihren Repräsentationen, ein neues Bild entstand, veränderte das Konstrukt und das Zutrauen in das Baby wuchs.

Therapeutischer Ansatzpunkt „Repräsentation des Babys"

Durch das wiederholte Erleben von alltäglichen Vorgängen, eingebunden in emotionale Stimmungen, entwickelt der Säugling nach und nach Repräsentationen „eines generalisierten oder prototypischen Geschehens. (...) Ich gehe von der Grundannahme aus, dass diese Repräsentationen auf der Grundlage interaktiver Erfahrungen mit einem Anderen konstruiert werden."[60] So kommt es z. B. häufig vor, dass Säuglinge oder Kleinkinder, die die Erfahrung gemacht haben, Einschlafen geht nur am Arm der Mutter oder im Autositz während des Fahrens, diese Aktivität vehement einfordern, da sie keine anderen Repräsentationen von

---

[60] STERN; Daniel. S.: *Die Mutterschaftskonstellation.* S. 104

Einschlafen haben. Da Babys immer in der Interaktion mit primären Bezugspersonen lernen, kann eine Veränderung der Repräsentation des Babys nur gelingen, wenn sich die Aktion der Mutter/des Vaters verändert, sich somit das Verhalten des Kindes verändern kann, so dass der Säugling seine Repräsentationen von gegenwärtigen und künftigen Interaktionen einer neuen Realität anpasst. Da der Säugling aufgrund seiner neurobiologischen Entwicklungen in der Lage ist, neue Lernerfahrungen schnell zu integrieren, lösen neue Repräsentationen alte Muster schnell ab. So kann ein Säugling, der bisher nur an der Brust der Mutter eingeschlafen ist, sehr schnell lernen, mit Schnuller und reduziertem Körperkontakt zu schlafen. Voraussetzung dafür ist, dass die Mutter ihm das Gefühl geben kann, dass das in Ordnung ist. Somit verändert sich die Aktion und ggf. die Repräsentation der Mutter. In manchen Fällen lässt sich beobachten, dass Störungen der Interaktion, die eine Regulationsstörung zur Folge haben (oder umgekehrt), mit der Bezugsperson in Verbindung stehen, in deren Interaktion die Störung auftritt. So gibt es z. B. Kinder, die bei der Oma oder in der Kita wunderbar alleine schlafen, während es z. B. bei der Mutter ein generelles Problem ist, das Kind zum Einschlafen zu bekommen. Dies zeigt, dass das Kind über andere Muster des Schlafens verfügt und die Repräsentation des Säuglings im Kontakt mit der Mutter veränderungswürdig ist.

Therapeutischer Ansatzpunkt „Aktion der Mutter"

Eine Vielzahl der Eltern, die sich zur Regulationsstörungsberatung anmelden, sind gut in der Lage, mit Hilfe von wenigen Terminen, in denen Entwicklungsberatung und Videogestütztes Arbeiten durchgeführt wird, ihre Aktion/ihr Verhalten im Interaktionsprozess so zu verändern, dass sich das Kind selbst beruhigen lernt bzw. Entwicklungsaufgaben mit angemessener Unterstützung gut bewältigt (Siehe auch „Aktion des Säuglings"). Liegt allerdings eine massive psychosoziale Belastung der Mutter bzw. des Familiensystems vor, bleiben die

Interventionen erfolglos oder der Beratungsprozess verläuft „in Schleifen", d. h. die Familie ist nach kurzen Erfolgen innerhalb weniger Tage oder Wochen wieder an der Schwierigkeit angelangt. Die Eltern sind in diesen Fällen meist nicht ausreichend in der Lage, das neue Wissen als neue Handlungsmuster in den Alltag zu etablieren. In einem solchen Fall ist tiefergehendes Systemisches Arbeiten notwendig, ggf. zusätzlich zur Interaktionsberatung eine weiterführende Psychotherapie für die Mutter/den Vater oder eine Paartherapie. Die Regulationsstörungsberatung sollte sich inhaltlich den Repräsentationen der Mutter bzw. Vaters oder Elternpaar annehmen und Lösungen rückkoppeln auf die gegenwärtige Interaktion.

Therapeutischer Ansatzpunkt „Repräsentation der Mutter"

Am stärksten beeinflusst wird die Mutter-Kind-Interaktion laut Stern durch die Repräsentationen der Mutter. Stern bezeichnet diese Repräsentationen, die auf früheren Interaktionserfahrungen beruhen und das subjektive Erleben des Zusammenseins mit anderen Menschen prägen, auch als „Schemata des Zusammenseins"[61]. „Die Interaktionserfahrung kann eine reale, das heißt gelebte Erfahrung sein oder auch eine virtuelle, imaginierte (phantasierte) Interaktionserfahrung. Unterschwellig zumindest liegt dem Schema immer eine Interaktion zugrunde.(…) Ein Schemata-des-Zusammenseins beruht auf der Interaktionserfahrung, mit einer bestimmten Person in einer spezifischen Weise zusammen zu sein, zum Beispiel hungrig zu sein und auf die Brust oder Flasche zu warten oder um ein Lächeln zu werben und keine Reaktion zu bekommen. Es ist ein psychisches Modell der Erfahrung, mit jemandem in spezifischer Weise – einer Weise, die sich im alltäglichen Leben regelmäßig wiederholt – zusammen

---

[61] STERN; Daniel. S.: *Die Mutterschaftskonstellation*. S. 28

zu sein. (…) andere Repräsentationen sind um Affekterfahrungen herum organisiert; sie können Netzwerke von Schemata darstellen, die das Traurig-sein oder Fröhlich-sein in Gegenwart eines Anderen erfassen."[62] All diese Repräsentationen können mit spezifischen Personen, Orten oder Rollen verbunden sein.

Die Schemata, die eine Mutter in die Interaktionsentwicklung mit ihrem Kind mitbringt, konzentrieren sich auf unterschiedliche Interaktionspartner. An dieser Stelle sollen zwei davon betrachtet werden: Das Schemata über den Säugling und das über die eigene Rolle als Mutter. Sicherlich ist auch das Schemata über den Mann als Vater des Kindes von Bedeutung, da es aber den Rahmen dieser Arbeit sprengen würde, kann darauf nicht eingegangen werden.

Schemata über den Säugling

„Die auf den Säugling konzentrierten Schemata der Mutter beinhalten das Baby als den spezifischen Sohn oder die spezifische Tochter, der/die zu ihr – als – der – Mutter und zu ihrem Ehemann – als – dem – Vater gehört, zu ihren anderen Kindern als Geschwister und zu ihren Eltern als das Enkelkind. Jedes Mal ist es ein etwas anderes oder gravierend anderes Baby, das anders aussehen und sich anders verhalten kann. Dieses Schema beinhaltet auch das für verschiedene spätere Entwicklungsstadien vorhersagbare Baby. Und schließlich gibt es das Baby als Person – das heißt als Persönlichkeits- und Charaktertyp. Hierbei handelt es sich vor allem um eine Beurteilung des Temperaments, um eine Beschreibung der natürlichen Tendenzen und Strebungen, die das Baby in die Beziehung einbringt."[63] Verfügt das Kind nun über ein eher „schwieriges" Temperament und/oder bringt die Mutter diese oder auch „ganz normale" Verhaltensweisen

---

[62] STERN; Daniel. S.: *Die Mutterschaftskonstellation*. S. 28

[63] STERN; Daniel. S.: *Die Mutterschaftskonstellation*. S. 31

und Eigenschaften mit früheren, misslungenen Interaktionserfahrungen in Verbindung, verbindet sie somit innere Bilder, die mit dem realen Baby, seinen Bedürfnissen und Fähigkeiten, nichts zu tun haben. Dies beeinflusst auf negative Weise die Mutter-Kind-Interaktion und kann zu einer Regulationsstörung führen. Nicht selten kommt es in einer solchen Verbindungen zu Zuschreibungen wie das Kind ist „hinterhältig", weil es Bauklötze unter das Sofa schiebt, von wo die Mutter sie gerade hervorgeholt hat, oder das Kind ist „schutzlos", „ängstlich", „braucht die Mama ganz stark", wie im Fall von A. B., der im Anschluss exemplarisch vorgestellt wird.

Schemata über sich selbst (Mutter)

„Mit der Geburt ihres ersten Babys werden der grundsätzliche Status, den die Mutter im Leben einnimmt, und ihre Identität buchstäblich über Nacht verändert. Eine rasche und radikale Neubewertung der Organisation und Prioritäten der Mehrzahl ihrer Selbstrepräsentationen setzen ein. (…) Die meisten Frauen besitzen eine wichtige Identität als Tochter ihrer Eltern. Selbst wenn es sich um eine autonome, selbstständige Frau handelt, die in ihrer Arbeit und Ehe sehr engagiert ist, beansprucht die Identität als Tochter eine Art historischen Schwerpunkt. Mit der Geburt ihrer eigenen Tochter muss sie diesen Schwerpunkt verlagern: Sie ist nun nicht länger in erster Linie Tochter ihrer Mutter, sondern vor allem Mutter ihrer Tochter. Auf einen Schlag hat sich ein Teil der etablierten repräsentationalen Welt irreversibel verschoben. (…) Einer der Gründe, weshalb ich als Beispiel jenes Netzwerk von Schemata der Gemeinschaft mit einem Anderen wähle, das die Mutter und die Tochter betrifft, ist seine Bedeutung als Brutstätte für so viele der positiven und negativen Phantasien, Hoffnungen und Ängste, die Mütter von Neugeborenen entwickeln: ‚Ich werde genau wie sie sein', oder ‚ich werde alles radikal anders machen als meine eigene Mutter.' (…) Diese Verlagerung der Repräsentationen, die der Mutter als primärer

Bezugsperson abverlangt wird, ist nahezu immer von klinischer Bedeutung und kann gelegentlich sogar Kern des klinischen Problems bilden."[64]

Hat sich nun eine Regulations- bzw. Interaktionsstörung aufgrund verstrickter Repräsentationen verfestigt, stellt sich der Beraterin/Therapeutin die Aufgabe, durch Entwicklungsberatung der Mutter zum Einstieg in den Beratungsprozess kognitiv zu verdeutlichen, dass Kinder in diesem Alter meist nicht die Eigenschaften und Fähigkeiten mitbringen, die ihnen in einer solchen Situation zugeschrieben werden, sondern dass es sich meist um ein „normales" kindliches Verhalten handelt. Das Konstrukt vom Kind oder wie Kinder sind, weshalb sie sich so verhalten, wie sie sich verhalten, kann durch diese Art der Beratung kognitiv erweitert werden. Genauso wichtig ist es an diesem Punkt mit der Mutter zu betrachten, wie es in ihrer Vergangenheit zu der Entstehung dieser Zuschreibungen kam. Das Interaktionsproblem wird somit externalisiert, aus der Mutter-Kind-Interaktion genommen und als Repräsentation der Vergangenheit behandelt. Die vermutliche Entstehung dieser Repräsentation wird zum zentralen Inhalt der gemeinsamen Arbeit. Elementare Fragestellungen, die die Dynamik der Interaktion verändern können, sind u. a.: An welcher Stelle, bzw. in welcher Verbindung sind der Klientin solche Eigenschaften, Erlebnisse schon mal begegnet? Was hätte sie zu dem damaligen Zeitpunkt gebraucht, um sich gegen diese negativ erlebten Eigenschaften schützen zu können? Was kann sie im hier und heute tun, um dieses dysfunktionale Beziehungsmuster nicht oder nicht elementar in die Beziehung zu ihrem Kind einfließen zu lassen? In der therapeutischen Systemischen Arbeit stehen an dieser Stelle mehrere Methoden und Möglichkeiten zur Verfügung. Zum Diagnostizieren und Erklären des kindlichen Verhaltens auf der kognitiven Ebene eignet sich auch in diesem Zusammenhang das „Videogestützte Arbeiten". Um die dysfunktionalen Muster auf

---

[64] STERN; Daniel. S.: *Die Mutterschaftskonstellation.* S. 34ff

psychodynamischer Ebene aufzulösen sind viele Systemische Methoden, die darauf abzielen, die elterliche Kompetenz zu erhöhen und somit die Interaktion zwischen dem Elternteil und dem Kind zu verändern, wie z. B. das Ressourcenmandala (Anhang Punkt 3.2.1.), der Gefühlsstern (Anhang Punkt 3.2.2.), Seilearbeiten (Anhang Punkt 3.2.2.), der sichere innere Ort (Anhang Punkt 3.3.), die Arbeit mit dem inneren Kind (Anhang Punkt 3.3.) und die Genogrammarbeit (Anhang Punkt 3.1.) möglich. Wichtig in der Regulationsstörungs- bzw. Interaktionsstörungsberatung ist immer die Rückkopplung der gewonnenen Erkenntnisse bzw. der sich lösenden Muster auf die direkte Interaktion mit dem Kind.

In diesem Zusammenhang kann das „Videogestützte Arbeiten" auch zu therapeutischen Zwecken eingesetzt werden, um neue Sichtweisen zu entwickeln und Bedürfnisse des Kindes von den eigenen, vielleicht unbefriedigten Bedürfnissen, zu differenzieren: Eine gute Sequenz wird betrachtet. Die Beraterin/Therapeutin erarbeitet mit der Mutter unterschiedliche Perspektiven: Was erlebt ihr Kind gerade? Hatten sie als Kind auch ein solches Erlebnis? Was kann ihr Kind daraus entwickeln, was sie weniger entwickeln konnten? Wie unterscheidet sich ihre Mutter von ihnen als Mutter? Um in kleinen Schritten Veränderungen in die Mutter-Kind-Interaktion zu bringen, eignen sich Lösungsorientierte Interviews (Anhang Punkt 3.1.) und Hausaufgaben, um die Teilschritte in den Alltag zu integrieren.

Hierzu ein Beispiel: Frau B. kam zur Beratung, weil ihre Tochter A. stark an ihr klammere. Bereits nach wenigen Sitzungen, deren Inhalt Entwicklungsberatung war, stellte sich heraus, dass Frau B. selbst als Kind stark traumatisiert wurde und die Schwierigkeiten der Loslösung von A. damit in Verbindung stehen, dass Frau B. Angst hat, sich selbst zu verlieren bzw. das Kind zu verlieren. Ursächlich erschien Frau B. die Alkoholerkrankung ihrer eigenen Mutter und die Angst, die sie als kleines Mädchen hatte, sie könnte die Mutter verlieren. Durch die Methode „Arbeit mit dem inneren Kind" (Anhang Punkt 3.3.) führte ich Frau

B. in eine Situation ihrer Kindheit zurück, in der sie die Angst, die Mutter zu verlieren, deutlich spüren konnte. Sie bekam die Gelegenheit, ihr „inneres Kind" in dieser Situation nach zu versorgen. Mit Hilfe von stärkenden Methoden gelang es nach und nach neue Konstrukte, Symbole und Ressourcen in den Tagesablauf zu etablieren, die es Frau B. ermöglichten, ihr Bedürfnis nach Nähe bzw. die Angst vor Verlust anders zu versorgen. Nach und nach wurde A. selbstständiger. Dieser Prozess wurde durch immer wiederkehrende Lösungsfokussierte Interviews (Anhang Punkt 3.1.) begleitet, um die losgelösten Muster und gewonnene Erkenntnisse gezielt im Interaktionsverlauf unterzubringen. Nachdem sich der Interaktionsprozess deutlich verbessert hatte, entschloss sich Frau B., die erkannte, dass es sich bei dem Störungsbild um dysfunktionale Muster ihrer Vergangenheit handelte, eine Traumatherapie bei einer niedergelassenen Psychotherapeutin zu beginnen.

Chancen und Grenzen der Regulationsstörungsberatung oder „welchen Nutzen hat das Problem"

Die Regulationsstörungsberatung bringt viele Chancen für Babys und Kleinkinder und junge Familien mit sich, weist aber auch Grenzen auf. Die Chancen liegen eindeutig in einer gesünderen Entwicklung von Kindern und in einer beachtlichen Verbesserung der Interaktion zwischen den Familienmitgliedern. Dieser Beratungsansatz bietet jungen Familien die Chance, sich gegenseitig besser zu verstehen, Krisen gemeinsam zu meistern und sich als Familiensystem gut zu entwickeln.

Wie bereits erwähnt, gelingt nicht jeder Beratungs-/Therapieprozess, wenn es um das Lösen von dysfunktionalen Mustern im Interaktionskontext geht. An dieser Stelle stellt sich die Frage, welchen Nutzen, bzw. welche „gute Absicht" das Problem hat und wie mit der Nicht-Bewältigung umgegangen werden muss.

Die „guten Absichten" einer Regulationsstörung können so vielfältig sein wie die Störung selbst. Während des Beratungskontextes stellt sich in aller Regel raus, welche „gute Absicht" das Störungsbild verfolgt. Diese „gute Absicht" muss anerkannt werden und etwas Funktionales gegenübergestellt bekommen. Hierzu einige Beispiele:

Frau B. war in der Lage, A. altersentsprechend loszulassen, als sie etwas gefunden hat, was ihr „inneres Kind" versorgt. Die „gute Absicht" des Klammerns war es, dass Frau B. den Schmerz und die Angst vor Verlust nicht spüren musste. Frau B. hat ein altes Foto ihres Kaninchens gerahmt, das ihr als Kind Schutz und Geborgenheit gab und sich dieses Foto in schlechten Momenten zur Hilfe geholt.

Alina L. ist neun Monate alt und schläft nur mit intensivem Körperkontakt ihrer Mutter ein. Sie ist das dritte Kind ihrer Eltern. Der Vater ist beruflich stark eingespannt, die Mutter stark überlastet. Vor allem die Abendstunden sind schwierig. Die „gute Absicht" der Schlafstörung liegt darin, dass Alina von Frau L. während des Einschlafens die Nähe und Zuwendung bekommt, was untertags zu wenig gelingt. Durch einen Babysitterdienst konnte Frau L. während der Abendstunden entlastet werden. Drei Mal unter der Woche gelingt es nun, mit Hilfe dieser Entlastung für Alina ein ruhiges Einschlafritual mit viel Körperkontakt und Nähe vor dem Einschlafen zu etablieren, während sich der Babysitter um die älteren Kinder kümmert. Das Einschlafen hat sich verändert, gelingt in der Regel besser, außer der Stress der Familie wird wieder zu groß.

Die Grenzen dieses Beratungsansatzes liegen meines Erachtens in unterschiedlichen Bereichen begründet:

1. Der Beraterin/Therapeutin gelingt es nicht, eine wertschätzende tragfähige Beziehung zu den Eltern herzustellen.

2. Der „richtige Zeitpunkt" zur Veränderung ist noch nicht gekommen.

- Die sozialen Ressourcen zur Entlastung müssen erst etabliert werden.

- Der Nutzen der Lösung ist noch nicht so deutlich sichtbar, als dass ein Erlernen und Durchhalten neuer Muster für die Eltern machbar sind. („Da schaukel ich lieber fünf Minuten das Kind und erspare mir stundenlanges Geschrei". Siehe „Lösungsfokussiertes Interview", Anhang Punkt 3.1.)

- Die Regulationsstörung hat (noch) eine zu große Bedeutung für das Familiensystem („gute Absicht"), der (noch) nichts Ausreichendes entgegengesetzt werden kann. Z. B. eine Mutter, die nur in sehr schwierigen Situationen Anerkennung und Wertschätzung erhält bzw. diesen Glaubenssatz internalisiert hat.

3. Ein Elternteil oder beide Elternteile sind psychosozial zu stark belastet bzw. es liegt eine psychische Erkrankung oder starke kognitive Einschränkungen der Eltern vor, deren Auswirkungen die gesunde Entwicklung des Kindes (momentan) einschränken.

4. Die personalen oder sozialen Ressourcen des Familiensystems reichen nicht aus, um Strukturen und Interaktionsprozesse den Bedürfnissen des Kindes anzupassen.

Auch einer „nicht-gelösten" Regulationsstörung ist in erster Linie mit Wertschätzung und Akzeptanz zu begegnen. Es kann davon ausgegangen werden, dass die Störung eine „gute Absicht" verfolgt und alle Beteiligten sich nach Kräften bemühen, die Situation zu bewältigen. Dennoch muss, lässt sich das Störungsbild nicht lösen, aus entwicklungspsychologischen Gründen und aus Kinderschutzgründen genauer analysiert werden, ob ein weiteres Vorgehen sinnvoll ist und wie dies ausschauen kann. Dies geschieht selbstverständlich immer gemeinsam mit den Eltern.

- Betrifft das Störungsbild nur den Bereich der Selbstregulation und sind andere Entwicklungsbereiche weitgehend unberührt bzw. sind die Eltern in der Lage, das Kind beim Aufbau eines weitgehend gelungenen Bindungsstils zu unterstützen, kann davon ausgegangen werden, dass es die Familie schafft, die „schwierige Phase" zu kompensieren.

- Handelt es sich um ein ausgeprägtes Störungsbild, das die Entwicklung des Kindes einschränkt, kann darüber nachgedacht werden, ob andere Personen dauerhaft die Interaktion dieses Bereichs übernehmen. Gibt es z. B. eine Oma, die das Kind regelmäßig füttern kann, besteht die Möglichkeit, dass der Vater über einen längeren Zeitraum das Schlafenlegen praktiziert, bis das neue Muster erlernt ist oder würde ein Tagespflegeplatz dem Kind die Möglichkeit bieten, neue Muster zu lernen.

- Sind Situationen erreicht bzw. überschritten, in denen eine Kindeswohlgefährdung, z. B. aufgrund extrem überforderter oder unreifer Eltern vorliegt, ist die

Einbeziehung des Jugendamtes notwendig, was selbstverständlich immer mit dem Wissen der Eltern verbunden ist.[65]

---

[65] SGB VIII §8a Schutzauftrag bei Kindeswohlgefährdung

Schlusswort

Mit dem Bewusstsein der Fachöffentlichkeit über die große Bedeutung der frühen Kindheit für das gesunde Heranwachsen von Kindern wuchs auch das pädagogische und therapeutische Angebot der Beratungs- und Unterstützungsangebote für junge Familien. Vor bereits über zwanzig Jahren eröffnete Frau Prof. Dr. Papousek im Münchner Kinderzentrum die „Münchner Sprechstunde für Schreibabys" und entwickelte ein integratives Konzept zur Behandlung von Regulationsstörungen, das mittlerweile im In- und Ausland Anwendung findet und Erfolge erzielt. Auf dieses Konzept und die Erfahrungen, die daraus resultieren, bezieht sich meine Abschlussarbeit an vielen Stellen. Besonders der Systemische/Familientherapeutische Ansatz spielt bei der Behandlung dieses frühen Störungsbildes in meinen Augen eine erhebliche Rolle, da es sich beim Verhalten von Säuglingen besonders elementar um Muster handelt, die durch die Interaktion im Familiensystem geprägt, gefestigt, aber auch gelöst werden. Das Einflechten von Systemischen Methoden in den Beratungskontext prägt und bereichert meine individuelle Arbeitsweise enorm. Die gegenseitige Bezogenheit aller Familienmitglieder während dieser frühen Phase positiv zu unterstützen, sehe ich als große Chance meiner Arbeit mit jungen Familien an.

Literaturverzeichnis

ABRAM; Antje & HIRZEL; Daniela: Fühlen erwünscht. Praxisbesuch für alle sozialen Berufe mit 88 kreativen Übungen für verschiedene Zielgruppen und Symptomatiken. 1. Auflage. Paderborn: Junfermann – Verlag, 2007.

BORKE; J.; EICKHORST; A. (Hg.): Systemische Entwicklungsberatung in der frühen Kindheit. 1. Auflage. Wien: Facultas Verlags- und Buchhandels AG, 2008.

FARRELL ERIKSON; Martha; EGELAND; Byron: Die Stärkung der Eltern-Kind-Bindung. Stuttgart: Klett – Cotta Verlag, 2006.

DENEKE; Christiane: Berufsbegleitende curriculäre Fort- und Weiterbildung in Intergrativer Eltern- Säuglings-/Kleinkind-Beratung am Kinderzentrum München, Skript 2010

GOLLWITZER; Elisabeth: Skript Grund- und Zwischenkurs Systemische Beratung/Therapie, Miramis – Institut Nürnberg, 2009 und 2010.

KORITTKO; Alexander; PLEYER; Karl Heinz: Traumatischer Stress in der Familie. Systemtherapeutische Lösungswege. Göttingen: Vadenhoeck&Ruprecht GmbH, 2010.

PAPOUSEK; Mechthild; SCHIECHE; Michael; WURMSER; Harald: Regulationsstörungen der frühen Kindheit. Frühe Risiken und Hilfen im Entwicklungskontext der Eltern-Kind-Beziehungen. Bern, Göttingen, Toronto, Seattle: Verlag Hans Huber, 2004.

REDDEMANN; Luise: Imagination als heilsame Kraft. Zur Behandlung von Traumafolgen mit ressourcenorientierten Vergahren. Stuttgart: Klett – Cotta Verlag, 2007.

ROMEIKE; Gerd; IMMELMANN; Horst (Hrsg.): Eltern verstehen und stärken. Analysen und Konzepte der Erziehungsberatung. Weinhein und München: Juventa Verlag, 2010.

SCHLIPPE; Arist von; SCHWEIZER; Jochen: Lehrbuch der systemischen Therapie und Beratung II. Das störungsspezifische Wissen. 3. Auflage, Göttingen: Vadenhoeck&Ruprecht, 2009.

STERN; Daniel N: Die Mutterschaftskonstellation. Eine vergleichende Darstellung verschiedener Formen der Mutter-Kind-Psychotherapie. 2. Auflage. Stuttgart: Klett – Cotta Verlag, 2006.

SGB VIII §8a Schutzauftrag bei Kindeswohlgefährdung

Quellen aus dem Internet:

http://wikipedia.org/wiki/Interaktion , aufgerufen am 02.06.2011

http://www.ecd-code.de/icd/code/F43.2.html, aufgerufen am 08.06.2011

http://www.blumenwiesen.org/imagination.html, aufgerufen am 15.08.2011

Anhang

1. Entwicklungsaufgaben der frühen Kindheit nach Papousek

Alter	Adaptive Entwicklungsaufgaben	Phasentypische Probleme
0 – 3 Monate	Nahrungsaufnahme/Verdauung Zyklus der Nahrungsaufnahme Koordinierte Saugaktivität beim Stillen/Fläschchen geben Immunologische Anpassung Energiehaushalt/Temperaturregulation Regulation der Verhaltenszustände Schlaf- Wach- Organisation Ruhig-aufmerksamer Wachzustand	Exzessives Schreien mit Problemen der Schlaf- Wach- Organisation, Fütterstörungen
3 – 7 Monate	Nahrungsaufnahme: Zufüttern Anpassung an neuen Modus, Geschmack und Konsistenz Konsolidierung des Nachtschlafes Regulation von Aufmerksamkeit, Selbstwirksamkeit, Affekt und Erfahrungsintegration Im Zwiegespräch Im Spiel	Motorische Unruhe, Spielunlust, Dysphorie
Ab 7 – 9 Monat	Beginn der eigenständigen Fortbewegung Beginn der personenspezifischen Bindung Balance zwischen Bindungssicherheit und Exploration Umgang mit dem Fremdeln Nahrungsaufnahme: Abstillen	Exzessives Klammern, übermäßige Fremdenangst, Trennungsangst, Ängstlichkeit, sozialer Rückzug, gehemmte Explorationsbereitschaft

Ab 15-18 Monat	Unbegrenzte Fortbewegung, Wortschatzsprung	Exzessives Trotzen, aggressiv – oppositionelles Verhalten
	Schlaf: Angstträume	
	Nahrungsaufnahme: Selberessen	
	Selbsterkennung im Spiegel, Empathie, Symbolspiel	
	Balance zwischen Verbundenheit und Autonomie	
	Umgang mit sozialen Regeln und Grenzen („nein")	
	Reifung präfrontaler inhibitorischer Systeme	
	Emotionale Regulation (Frustrationstoleranz, Impulskontrolle)	
	Zielgesteuerte Handlungsorganisation	

2. Störungsspezifisches Wissen

2.1. Manifestationsformen frühkindlicher Regulationsstörungen

---

[66] PAPOUSEK;Mechthild&SCHIECHE;Michael&WURMSER; Harald: Regulationsstörungen der frühen Kindheit. S.84

Häufige Formen frühkindlicher Regulationsstörungen	Anteil in %
Exzessives Schreien	29,4
Probleme der Schlaf – Wach – Regulation	25,8
Dysphorische Unruhe mit motorischer Unruhe und Spielunlust	30,1
Fütterstörungen	40,4
Schlafstörungen	62,8
Exzessives Klammern mit Ängstlichkeit, sozialem Rückzug und/oder abnormen Trennungsreaktionen	12,3
Exzessives Trotzen mit Grenzsetzungskonflikten	20,3
Aggressives/oppositionelles Verhalten	6,8

[67]

2.2. Häufigkeit und Verlauf von frühkindlichen Regulationsstörungen

„Die Prävalenz für Regulationsstörungen allgemein liegt bei 5 bis 15%, für exzessives Schreien bei Kindern bis zum Alter von sechs Monaten je nach Definition bei 1,5% bis 11,9% und bei Fütterstörungen je nach Schweregrad bei 3% bis 25%. Etwa 50% bis 70% der Störungen bleiben zwei bis drei Jahre bestehen."[68] Laut Frau Prof. Dr. Papousek besteht ein Zusammenhang zwischen Regulationsstörungen, die sich je nach Entwicklungsstadium auf einen anderen Interaktionsbereich verlagern. So kann sich aus einer Schreistörung der ersten Wochen, eine Schlafstörung im ersten Lebensjahr entwickeln, die dann wiederum im Exzessiven Trotzen oder Klammern münden kann. Außerdem besteht

---

[67] PAPOUSEK;Mechthild&SCHIECHE;Michael&WURMSER;Harald: Regulationsstörungen der frühen Kindheit. S. 57

[68] SCHWEITZER; Jochen & SCHLIPPE; Arist von: Lehrbuch der systemischen Therapie und Beratung II. S. 248

nach den Forschungsergebnissen des Ehepaar Papousek durchaus eine Verbindung zwischen Regulationsstörungen der frühen Kindheit und späteren Störungsbildern im Kindes- und Jugendalter. Durch die Regulationsstörungsberatung kann dies durchbrochen werden. Es gibt aber auch immer wieder Kinder, die während der folgenden Entwicklungsstufe wieder der Beratungsstelle vorgestellt werden, auch wenn das vorherige Störungsbild erfolgreich gelöst wurde.

3. Systemische Methoden zur Behandlung von Regulationsstörungen der frühen Kindheit

3.1. Methoden mit dem Schwerpunkt Lösungsfokussierung, Diagnostik

Lösungsfokussiertes Interview (in Anlehnung an Elisabeth Gollwitzer) mit entwicklungspsychologischen Elementen.

Beim Lösungsfokussiertem Interview handelt es sich um eine Methode, bei der sich die Klientin/der Klient „auf ein Ereignis fokussiert, in dem sie/er das Problem schon einmal gelöst hatte. Die Therapeutin erfährt von Ressourcen und Fähigkeiten Probleme zu lösen."[69] Das Lösungsfokussierte Interview in der Säuglings- und Kleinkindberatung soll zudem noch entwicklungspsychologische Elemente enthalten, da viele Regulationshilfen, die im ersten Moment Wirkung zeigen, also helfen, die momentane Situation zu meistern, dauerhaft die selbstregulatorischen Fähigkeiten des Kindes behindern und sich deshalb auf die gesamte Entwicklung eher kontraproduktiv auswirken.

Je nach Situation, Störungsbild und Stimmung des Klienten variieren die lösungsorientierten Fragen. So kann zu Beginn z. B. folgende Frage stehen: „Was macht ihnen denn mit dem Kind am meisten Spaß, welche Momente genießen sie besonders?" Diese Frage wirkt in Belastungssituationen vielleicht im ersten

---

[69] Skript Elisabeth Gollwitzer, Miramis Institut, Zwischenkurs, Mai 2010

Moment etwas irritierend, trägt aber dazu bei, dass die Regulationsstörung nur als ein Teil der Interaktion zwischen den Eltern und dem Kind verstanden wird und auch noch positive Gedanken und Gefühle Raum bekommen.

Da es sich bei Regulationsstörungen der frühen Kindheit meist um ein Kumulativ aus unterschiedlichen Faktoren und Spannungsfeldern handelt, beinhaltet das Lösungsfokussierte Interview immer die Frage: „Für welches der augenblickliche Probleme wünschen sie sich dringend eine Veränderung?" So lässt sich dieses Kumulativ an Schwierigkeiten etwas eingrenzen und eine klare Zielsetzung entsteht.

Die Zuversicht, zur Lösung zu gelangen, kann mit der Frage „Woran würden sie erkennen, dass das Problem gelöst ist?" entstehen Verändert sich aufgrund dieser Frage die Befindlichkeit der Klientin/des Klienten, kann eine Weile bei diesem Gefühl verharrt werden. Die Klientin/der Klient hat die Möglichkeit, dieses Gefühl zu ankern, der Blick aufs Positive weitet sich. Zudem hat diese Frage den Gewinn, dass „die Therapeutin etwas erfährt über das, was der Klientin/dem Klienten erstrebenswert erscheint."[70]

Mit der Skalierungsfrage „Für wie erreichbar halten sie diese Lösung" führt die Therapeutin die Klientin/den Klienten wieder ins Hier und Jetzt. Zudem wird sich die Klientin/der Klient „klar, für wie wahrscheinlich sie/er das Erreichen der Lösung hält und die Therapeutin erfährt etwas über die Selbsteinschätzung der Klientin."[71] Mit Hilfe dieser Frage lässt sich auch immer wieder das Zirkuläre der Regulationsstörung erklären. Manche Eltern reagieren auf diese Frage mit der Antwort: „ja, wir wollen ja, aber mit dem Kind stimmt etwas nicht." In diesem Zusammenhang hat Entwicklungsberatung Raum, um eben die

---

[70] Skript Elisabeth Gollwitzer, Miramis Institut, Zwischenkurs, Mai 2010

[71] Skript Elisabeth Gollwitzer, Miramis Institut, Zwischenkurs, Mai 2010

Wechselwirkung/Interaktion zwischen Mutter/Vater und Kind zu veranschaulichen. Mit Hilfe der Skalierungsfrage – stellt man sie zum Ende der Sitzung nochmal – lässt sich zudem überprüfen, ob sich an der Haltung/Zuversicht der Klientin/des Klienten während der Sitzung etwas verändert hat.

Anschließend ist es sinnvoll, die Frage nach der Ausnahme zu stellen. „Gibt oder gab es Momente, zu denen es anders ist?" oder „gab es eine Zeit, zu der das Problem nicht da war?" z. B. „Schafft es ihr Kind manchmal alleine einzuschlafen? Was ist dann anders?" Eltern, die zur Regulationsstörungsberatung kommen, haben meist schon ganz viele Dinge ausprobiert, die helfen. Sie sind praktisch Spezialisten für das, was das Kind beruhigt, meist aber nicht auf Dauer ruhig hält. Die Bedürfnisse und Fähigkeiten der Kinder in diesem Alter verändern sich recht schnell, sodass „Dinge die helfen" sehr schnell Dinge sein können, die die Situation erschweren. Nehmen Eltern Beruhigungshilfen, die aus entwicklungspsychologischer Sicht nicht dazu taugen, dem Kind bei dem Entwicklungsschritt der Selbstregulation zu helfen, sondern nur kurzfristig für Ruhe sorgen, wird dies an dieser Stelle in Form von Entwicklungsberatung thematisiert. Wird z. B. ein neun Monate altes Kind zum Einschlafen jeden Abend ca. 2 Stunden im Auto herumgefahren, beruhigt dies zwar und ist im Moment lösungsorientiert, eignet sich aber nicht, diesen Entwicklungsschritt dauerhaft zu bewältigen. Wichtig beim Lösungsfokussierten Interview, das entwicklungspsychologische Bestandteile enthält, ist es immer, auf die Möglichkeiten und Ressourcen des Systems zu blicken. Welche Möglichkeiten haben die Eltern, wo können sie sich gegenseitig entlasten oder Entlastung von außen holen? Welche Glaubenssätze und inneren Bilder verbinden die Eltern mit dem Kind, bzw. mit der Regulationsstörung? An welcher Stelle der Entwicklung steht das Kind? Was kann dem Kind zugemutet werden, aber auch was darf dem Kind zugetraut werden? Wie können kleine Teilschritte ausschauen, die für die Eltern machbar sind und das Kind in der Selbstwirksamkeit altersentsprechend unterstützen.

Diese Möglichkeiten werden nun gemeinsam ausgelotet und mit den Möglichkeiten der Eltern/dem Kind abgestimmt. Hieraus entwickeln sich in der Beratung kleine Teilschritte zur Lösung, die als Hausaufgabe ausprobiert werden und zur Weiterarbeit der nächsten Sitzung dienen.

Genogramm

„Genogramme sind durch Symbole und Zeichen ermöglichte Darstellungen von Strukturen und Zusammenhängen zwischen wichtigen Familienmitgliedern (zur Vertiefung siehe Schlippe & Schweizer, 2007). Das so entstehende Bild der zentralen Familienpersonen verschiedener Generationen sowie deren jeweiliger Beziehungen untereinander ermöglicht einen guten Zugang zu Stärken und Ressourcen, aber auch zu möglichen Belastungen, welche sich in der Familiengeschichte entwickelt haben."[72] Beleuchtet werden kann bei der Arbeit mit dem Genogramm die Entstehung von dysfunktionalen Mustern zwischen Familienmitglieder, sowie deren transgenerationalen Übertragungen. Das Genogramm dient in diesem Zusammenhang dazu, dysfunktionale Muster zu endkräftigen und neue, funktionale Muster zu entwickeln. In diesem Zusammenhang ist es wichtig, im Genogramm nach Ressourcenpersonen zu suchen. Wer hat der betreffenden Person gut getan, welche Ressourcen konnte die Klientin/der Klient aus der Verbindung mit der Ressourcenperson entwickeln und wie lassen sich diese Ressourcen in die Mutter-/Vater-Kind-Interaktion integrieren. Meist dient das Genogramm zum Einstieg in den Beratungsprozess. Die daraus gewonnenen Erkenntnisse sind Bestandteil der weiterführenden Beratung.

---

[72] BORKE; J. & EICKHORST; A. (Hg.): Systemische Entwicklungsberatung in der frühen Kindheit. S. 104

3.2. Methode zur Stärkung der elterlichen Kompetenz

3.2.1. Schwerpunkt Ressourcenaktivierung

Ressourcen – Skulptur stellen (in Anlehnung an das Skript von Elisabeth Gollwitzer)

„Einführung:

Menschen können sich Ressourcen erschließen, indem sie sich vorstellen, sie hätten diese Ressourcen. Bei dieser Methode geht es um mehrere Ressourcen oder um ein ganzes Ressourcen-System, die sich die Klientin/der Klient wünscht, um ein anstehendes Problem zu lösen.

Methode:

Die Klientin/der Klient schildert ein Problem. Er stellt sich an einen von ihm ausgesuchten Platz im Zimmer.

Die Beraterin bittet die Klientin/den Klienten ein Symbol auszusuchen, die ihren/seinen Konflikt symbolisiert. Dieses Symbol wird in einigem Abstand der Klientin/dem Klienten gegenüber gestellt.

Die Beraterin fragt, wie es der Klientin/dem Klienten jetzt geht, wenn das Konfliktsymbol gegenüber steht. Die Klientin/der Klient beschreibt ihre/ seine Befindlichkeit. Danach wird das Symbol für den Konflikt wieder entfernt.

Die Beraterin fragt nun die Klientin/den Klienten, wo diese Ressource platziert sein soll und stellt ein Symbol dort auf, z.B. Den Mut als Wegbegleiter an der Seite. Die Hoffnung, die nach vorne schaut. Das Selbstbewusstsein, das den Rücken stärkt.

Mit jeder weiteren Ressource, die die Klientin/der Klient nennt, wird ebenso verfahren.

Die Beraterin bittet die Klientin/den Klienten nun, zu überprüfen, ob alle Ressourcen am richtigen Ort sind und wie es den Ressourcen im Zusammenspiel mit den andern geht. Wenn nötig, nimmt die Klientin/der Klient nochmals Veränderungen im Ressourcensystem vor.

Die Beraterin nimmt nun die Stimme der Ressourcen an, legt eine Hand auf z. B. die Schulter der Klientin/des Klienten und spricht z. B.: „Ich bin die.... und ich gebe Dir...."

Die Klientin/der Klient nimmt die Befindlichkeit, von Ressourcen umgeben und unterstützt zu sein, in sich auf.

Die Beraterin holt nun das Konfliktsymbol noch einmal und stellt es der Klientin/dem Klienten gegenüber. Sie fragt die Klientin/den Klienten, wie sich seine Befindlichkeit jetzt verändert hat und was er nun angesichts seines Problems anders tun kann."[73]

Varianten:

Bei Klientinnen/Klienten, die Schwierigkeiten haben, die Regulationsstörung des Kindes als einen zirkulären Prozess der Interaktion zwischen ihnen und dem Kind zu betrachten, bietet es sich an, auf das Konfliktsymbol zu verzichten. An dieser Stelle erscheint es sinnvoller, ein Symbol für die Lösung zu stellen. Also z. B. für das Durchhalten eines angemessenen Einschlafrituals. Stellt man an dieser Stelle ein Konfliktsymbol, droht nach meiner Einschätzung oftmals das Abrutschen in „ich bin schuld, wenn ich den Konflikt nicht besiege" oder „mein Kind kann das nicht". Dies kann u. U. zu noch mehr Druck im Interaktionsverhalten führen.

---

[73] Skript von Elisabeth Gollwitzer, Miramis – Institut, Grundkurs, März 2009

Bei Klientinnen/Klienten, die sich schlecht auf das körperliche Empfinden und auf das Durchführen von Methoden, bei denen sie aktiv sein müssen, einlassen können, bietet sich diese Methode auch als Aufstellung der Ressourcen auf dem Brett an. Es ermöglicht eine Draufsicht von oben, ein Betrachten des Ressourcen-Systems von allen Seiten und somit die Externalisierung des Problems und ein „Sich-eingebettet-fühlen" in ein größeres Ressourcensystem.

Ressourcenmandala (in Anlehnung an das Skript von Elisabeth Gollwitzer)

„Einführung:

Diese Methode berührt viele Ebenen des Seins. Einerseits erscheint sie einfach, weil sie gut strukturiert ist. Andererseits braucht der Berater Klarheit, auf welcher Ebene er sich gerade befindet. Folgende Ebenen werden angesprochen:

Kontext: alles, worauf wir reagieren, Menschen und Umgebung

Verhalten: konkrete Handlungen, die wir ausführen

Fähigkeiten: Fertigkeiten und Strategien, die wir benutzen

Glaubenssätze: Leitlinien, denen wir uns verpflichtet fühlen, innere Sätze, mit denen wir unser Tun begleiten

Identität/Werte: Unsere tiefen zentralen Werte, das was unserem Leben Sinn gibt Spiritualität: Rückbindung an etwas, was größer ist als wir

Methode:

Der Klient berichtet von einem Anliegen, das er klären möchte.

Der Berater legt sechs Blätter mit den Begriffen der verschiedenen Ebenen im Kreis auf. Er bittet den Klienten, sich vor den Begriff „Kontext" zu stellen und zu erzählen, wie sich sein Anliegen in seinem Kontext darstellt. Der Berater fragt danach, wie es dem Klienten in diesem Kontext geht und wie er das im Körper spürt.

Danach steigt der Klient über das Blatt „Kontext" und steht vor dem Begriff „Verhalten". Er berichtet darüber, wie er sich selbst bei der Problematik verhalten kann. Der Berater fragt nach Befindlichkeit und Körperempfinden. In dieser Weise wird fortgefahren, bis der Klient den Begriff „Spiritualität" hinter sich gelassen hat.

Jetzt bittet der Berater den Klienten, sich umzudrehen und die Runde rückwärts zu durchschreiten. Dabei fragt der Berater bei jeder Ebene, was sich verändert hat und welche Ressource sich der Klient aus der jeweiligen Ebene zur Lösung seines Problems mitnehmen möchte

Das Neue wird über die Befindlichkeit und das Körpergefühl geankert."[74]

Wirkung:

Durch diese Methode werden Klienten in die Lage versetzt, ganzheitlich spürbar neue Alternativen im Verhalten zu entwickeln. Durch den Blick auf Funktionales und Festigendes, wie Werte, Glaubenssätze und Spiritualität verändert sich der Blick auf das Verhalten, dass die Klienten in schwierigen Situationen zeigen. Durch das Etablieren und Üben neuer Verhaltensweisen kann die Schwierigkeit gelöst werden. Auffallend ist immer wieder, dass dem Klienten gestärkt durch das Einfühlen in Glaubenssätze, Werte und Spiritualität auf dem Rückweg Verhaltensweisen einfallen, die aus der Problemsicht nicht möglich waren.

---

[74] Skript von Elisabeth Gollwitzer, Miramis – Institut, Grundkurs, März 2009

3.2.2. Schwerpunkt Ressourcenaktivierung, Veränderung der Eltern-Kind-Interaktion, Perspektivwechsel

Gefühlsstern (in Anlehnung an Antje Abram & Daniela Hirzel)[75]

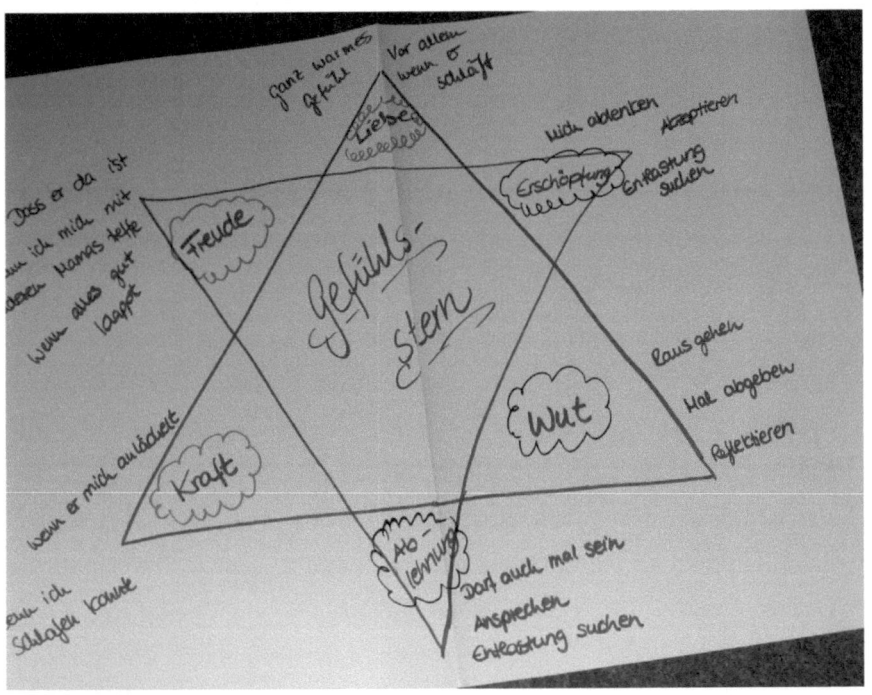

Material

Ein DIN-A3-Blatt oder größer, verschiedenfarbige Stifte, Schreibzettel, Karten usw.

---

[75] ABRAM; Antje & HIRZEL; Daniela: *Fühlen erwünscht*. S. 114

Verlauf

Es ist sinnvoll, dass die Therapeutin den Umriss des „Gefühlssterns" schon vorbereitet. Der Gefühlsstern besteht aus sechs Zacken, die sich symmetrisch gegenüber liegen.

Die Therapeutin stellt der Klientin/dem Klienten die Frage, welche Gefühle ihr/ihm einfallen, wenn sie/er an das Zusammensein mit dem Kind denken. Die Frage kann auch, je nach Störungsbild oder Situation verändert oder spezifiziert werden, soll aber einen Interaktionsbereich betreffen, zu dem auch lösungsorientierte Gedanken kommen können.

Nun fordert die Therapeutin die Klientin/den Klienten auf, drei dieser Gefühle auf einen Zettel zu schreiben, bzw. sie gleich in einen Zacken des Gefühlssterns einzutragen. Wichtig ist, dass der Zacken gegenüber vorerst frei bleibt. Die Klientin/der Klient kann eine Farbe zum Schreiben nutzen, die dem Gefühl entspricht. Ganz kreative Menschen können das Gefühl auch malen. Nun beginnt die Therapeutin bei einem Gefühl und fragt nach, in welcher Situation dieses Gefühl auftaucht. Wie es der Mutter/dem Vater in diesem Moment ergeht, was sie denken, wie es dem Kind damit geht usw. Anschließend fragt die Therapeutin nach dem Gegengefühl. Dieses Gefühl wird in dem Zacken gegenüber eingetragen. Die Therapeutin fragt die Klientin/den Klienten, in welchem Moment das Gegengefühl auftritt, was es mit dem Elternteil oder mit dem Kind macht, oder auch was in einem solchem Moment helfen kann. Diese Hilfen, die ja auch Ressourcen des Systems oder der Person sind, können neben dem positiven Gefühl außerhalb des Sterns notiert werden.

Auf diese Art und Weise werden alle drei Gefühle durch Gegengefühle, Wirkung und Handlungsweisen ergänzt.

Anschließend lädt die Therapeutin die Klientin/den Klienten zur Betrachtung des Sterns ein und hinterfragt die individuelle Wirkungsweise, den eventuellen

Perspektivwechsel usw. Wichtig ist es hierbei, sich auf die Gefühls- und Lebenswelt der Klientin/den Klienten einzulassen, Positives zu verstärken und Negatives zuzulassen. Der Blick soll allerdings zum Ende der Methode auf die positiven Zacken des Sterns gerichtet sein.

Wirkung:

Diese Methode wirkt auf die Mehrzahl der Klienten entlastend, da sie sehen, dass die negativen Gefühle einen Gegenpol haben. Auch die Tatsache, dass negative Emotionen sein dürfen, einen eigenen Raum und auch ihre Berechtigung haben, wirkt entlastend auf die Klienten. Gerade in belastenden Lebenssituationen und Interaktionen wird der Blick aufs Positive verstellt. Hier wird dieser Blick gezielt geschult, Handlungsalternativen und Ressourcen, die das Positive verstärken beleuchtet und entwickelt, so verliert auch das Negative seinen Schrecken. Die Grundeinstellung zur Situation, bzw. zum Umgang mit dem Kind wird positiv besetzt.

Manchmal hat die Methode des Gefühlssterns noch den positiven Nebeneffekt, dass sich aus den Zacken mit den „guten Gefühlen" neue Zieldefinitionen ergeben; auch Blockaden, die sich darin äußern, dass Menschen schwer aus der Problemtrance kommen, können mit Hilfe dieser Methode gelöst werden.

Seilearbeit (Erweiterte Ressourcenbiographie)

Diese Methoden stellen eine Weiterentwicklung der Methode „Ressourcen-Biographie" in Anlehnung an das Skript von Elisabeth Gollwitzer dar.

„Einführung

In problematischen Situationen des Lebens erinnern sich viele Menschen eher der schwierigen Dinge in ihrem Leben, an Menschen, die sie beeinträchtigt, an Erlebnisse, die ihnen das Leben schwer gemacht haben. Bei dieser Methode wird der Blick der Klienten/Klientin auf das aus ihrer Vergangenheit gerichtet, was ihr Leben schön und reich gemacht hat, das woraus sie Stärke ziehen und Ressourcen entwickeln können.

Methode:

Die Beraterin legt ein Seil als Lebenslinie auf den Boden und markiert verschiedene Zeiten mit Kärtchen, die sie an das Seil legt:

Das Geburtsdatum der Klientin/des Klienten und das heutige Datum

Die Zeiten, als die Klientin 10, 20, 30 usf. Jahre alt war

Die Klientin/der Klient wird, indem sie/er mit der Beraterin die Lebenslinie entlangläuft, gebeten drei bis fünf Personen aus ihrem/seinem Leben zu benennen, die ihr geholfen und sie gestärkt haben. Die Beraterin schreibt die „Ressourcen-Personen" auf Karten und ordnet sie der Lebenslinie zu.

Die Klientin/der Klient wird gebeten drei bis fünf Ereignisse aus ihrem/seinem Leben zu benennen, die für sie wichtig und stärkend waren. Diese Ereignisse werden ebenfalls auf Karten geschrieben und der Lebenslinie zugeordnet.

Die Klientin/der Klient und die Beraterin sind nun am Heute-Datum angelangt. Die Beraterin und die Klientin/der Klient laufen nun die Lebenslinie zurück. Bei jeder Personen- oder Ereignis- Karte bleiben beide stehen und die Klientin überlegt, welche INNERE RESSOURCE sie von dem jeweiligen Menschen oder Ereignis mitnehmen möchte. Die Beraterin schreibt diese Ressource auf die Rückseite der Personen oder Ereigniskarten, legt diese so an die Lebenslinie zurück, dass nur die Ressource sichtbar ist.

Vom Datum der Geburt aus schaut die Klientin/der Klient auf ihr Leben, verharrt und sagt, welche Gedanken ihr dazu einfallen und welche Befindlichkeiten das in ihr auslöst.

Beide gehen danach die Lebenslinie wieder aufwärts, verharren bei jeder Ressourcen-Karte. Die Klientin spricht aus, welche innere Ressource sie für ihr Leben davon mitnehmen will und bekommt genügend Zeit, um diese zu ankern.

Beim Heute-Kärtchen angekommen, dreht sich die Klientin/der Klient um und schaut auf ihr Leben zurück. Sie verharrt eine Weile und erzählt, was ihr aus dieser Position durch den Sinn geht.

Die Klientin/der Klient dreht sich so, dass sie/er jetzt in die Zukunft blickt, die Ressourcen hinter ihr, die ihr den Rücken stärken. Sie/er ankert dieses Ressourcengefühl eine Weile. Sie/er verbindet dieses Gefühl mit dem Blick in die Zukunft. Sie/er kann nun den Unterschied empfinden, wie es ist, wenn die Begegnungen mit Personen und das Erleben aus der Vergangenheit als Ressource zu erleben."[76]

Weiterentwicklung der Methode in Bezug auf das Gelingen der Eltern-Kind-Interaktion

Variante A:

Sammlung von Ressourcen aus der Vergangenheit, die das Gelingen der Interaktion mit dem Kind unterstützen

---

[76] Skript von Elisabeth Gollwitzer, Miramis – Institut, Grundkurs, März 2009

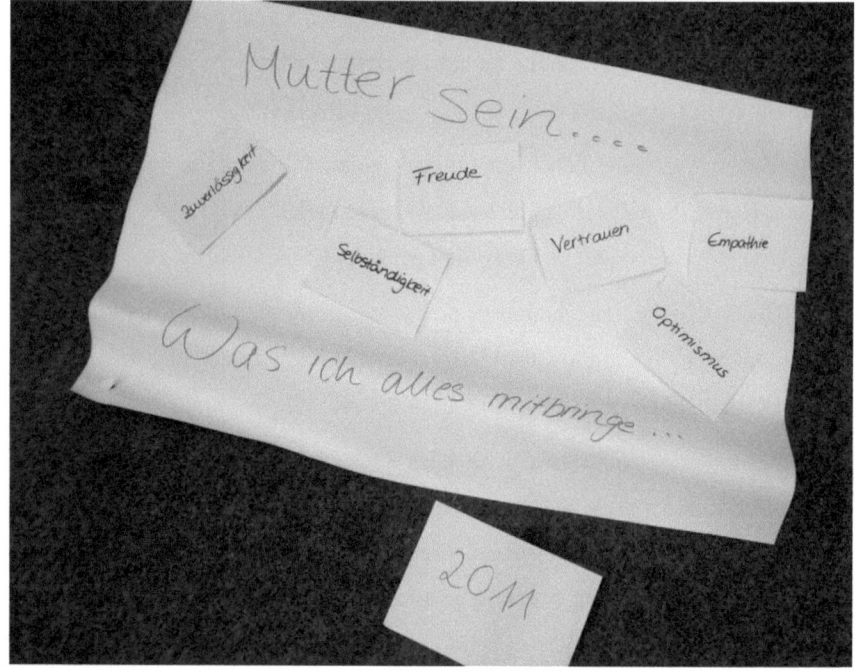

Die Klientin/der Klient fühlt sich beim Blick in die Zukunft nun in ihre /seine Rolle als Mutter/Vater ein.

Die Beraterin stellt die Frage, welche der Ressourcen-Kärtchen der Vergangenheit denn für die heutige und zukünftige Herausforderung der Elternschaft von Bedeutung sind.

Die Klientin/der Klient sammelt nun die Kärtchen an der Lebenslinie ein, die sie/er für diese Aufgabe bedeutsam findet und klebt sie auf ein Plakat. Dieses Plakat trägt die Überschrift: Mama sein/Papa sein, welche Ressourcen bringe ich mit.

Die Beraterin regt die Klientin/den Klienten an, die Wirkung dieser Fähigkeiten auf das Erleben des Kindes zu reflektieren. Wie wirkt diese Ressource im Allgemeinen und in welchen Interaktionsbereichen ist diese Ressource wichtig und angemessen, durch welche Handlung kann sie in den Alltag und in das Erleben des Kindes integriert werden?

Die Klientin/der Klient kann durch diese Methode zum Einen verschüttete Ressourcen ankern, gewinnt Selbstwirksamkeitsempfinden zurück und erkennt zum Anderen, welche Eigenschaften/Handlungsweisen im jeweiligen Interaktionsbereich wichtig und förderlich sind. Die Methode zielt auf das bessere Verstehen der Bedürfnisse des Kindes ab, zudem wirkt sie stark auf das Anerkennen und Wertschätzen der elterlichen Ressourcen. Sie soll die Facetten der Interaktionsmöglichkeiten erweitern und auf die kindlichen Bedürfnisse und aktuellen Befindlichkeiten abstimmen. Zudem sollen Eltern Entlastung spüren, indem es sich ihnen offenbart, welche vielfältigen Fähigkeiten sie mitbringen, um das Kind gut zu begleiten.

Veranschaulichung an einem Beispiel:

Eine junge Mutter hat während der Belastungen und durch die hormonellen Vorgänge nach der Geburt eine depressive Verstimmung entwickelt, die dazu beiträgt, die Bedürfnisse des Babys nur eingeschränkt zu erkennen und somit auch nicht immer angemessen beantworten zu können. Die Interaktion zwischen den beiden ist demnach belastet, das Kind weißt Schwierigkeiten in der Selbstregulation auf. Die junge Mutter will ihre Aufgabe gut meistern, stimuliert das Kind über, da sie sich schuldig fühlt für ihre Erschöpfung. Nun hat diese junge Mutter in ihrer Ressourcen-Biographie die Ressource „Fröhlichkeit" nachgespürt, die sie in der Kindheit und Jugend entwickeln konnte. Sie erkennt, dass die Fröhlichkeit wichtig für die Mutter-Kind-Interaktion ist. Im Gespräch mit der Beraterin findet sie nun heraus, an welchen Stellen der Interaktion diese Fröhlichkeit angemessen und förderlich ist. Nämlich dann, wenn das Baby wache und aufmerksame Momente hat. Ist es müde und überreizt, ist die

Fröhlichkeit in der Interaktion nicht mehr gefragt, wirkt eher erschwerend auf die Interaktion, eine andere Ressource der Mutter sollte hier eingesetzt werden. In dieser weiterentwickelten Methode spielt also auch die Entwicklungsberatung eine Rolle.

Variante B:

Reflexion von funktionalen und dysfunktionalen Mustern der Loslösung zwischen den Eltern und dem Kind

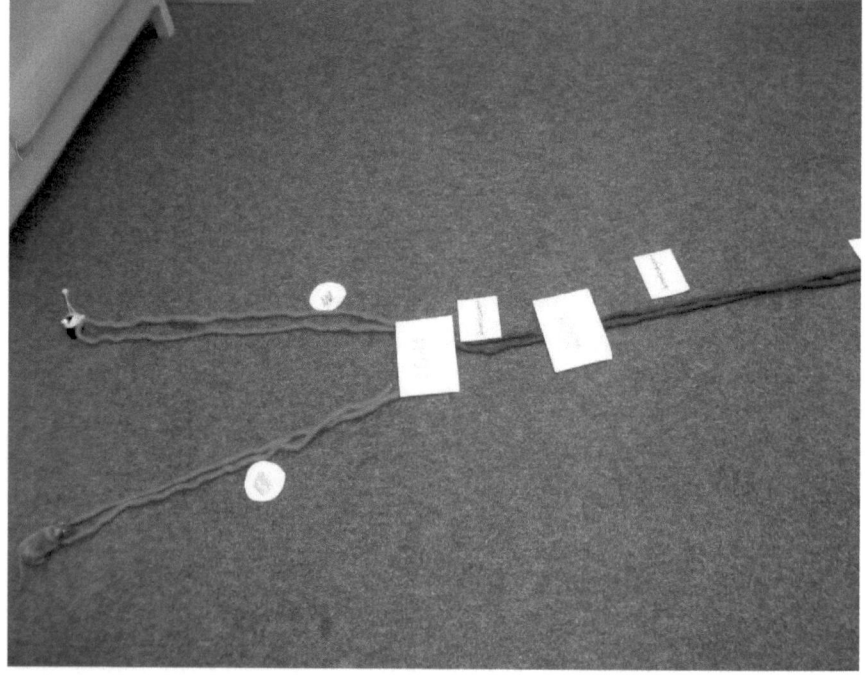

Im Anschluss an die Lebenslinie der Ressourcen-Biographie liegen zwei Seile V-förmig zueinander.

Die Beraterin bittet die Klientin/den Klienten, zwei Symbole zu suchen. Ein Symbol für das Kind, das durch ein dysfunktionales Beziehungsmuster wenig

Möglichkeit zur altersadäquaten Entwicklung und Erprobung der selbstregulatorischen Fähigkeiten hat und ein Symbol für das Kind, das dem Entwicklungsstand entsprechend durch ein funktionales Beziehungsangebot unterstützt wird, Selbstregulierung zu erproben.

Die Klientin/der Klient legt nun ein Symbol an das Ende des einen Seils, das andere Symbol an das Ende des anderen Seils.

Nun geht die Beraterin mit der Klientin/dem Klienten gemeinsam das Seil entlang, das zum Symbol für das Kind führt, dass durch ein dysfunktionales Beziehungsangebot begleitet wird. Die Beraterin fragt die Klientin/den Klienten, wie es sich anfühlt, eine so enge Beziehung zum Kind zu haben, welche Motivation dahinter steckt usw. Beim Symbol angekommen, drehen Klient/Klientin und Beraterin um und gehen den Weg zurück zum Scheidepunkt.

Die Beraterin lässt auf dem Rückweg Elemente der Entwicklungspsychologie einfließen und erzählt der Klientin/dem Klienten, wie sich ein Kind fühlt und entwickelt, das nicht ausreichende Selbstwirksamkeitserfahrungen machen kann.

Am Scheidepunkt fordert die Beraterin die Klientin/den Klienten nun auf, das Seil zum Symbol für das Kind zu gehen, das dem Alter entsprechend los gelassen wird. Die Beraterin begleitet die Klientin/den Klienten und ermuntert sie/ihn auf, Empfindungen, Ängste, Unsicherheiten usw. zu berichten, die mit dem Los lassen des Kindes zu tun haben.

Am Symbol angekommen, drehen Klientin/Klient und Beraterin um und gehen das Seil zurück. Am Rückweg lässt die Beraterin entwicklungspsychologische Erkenntnisse darüber einfließen, wie sich Kinder entwickeln, deren Selbstwirksamkeitsressourcen durch altersangemessene Loslösung unterstützt werden.

Sind Beraterin und Klientin/Klient wieder am Scheidepunkt angekommen, unterstützt die Beraterin die Klientin/den Klienten darin, die Ressourcen aus der Biographie nochmals zu spüren und zu ankern und fordert die Klientin/den

Klienten auf, sich nun – mit den Ressourcen aus der Biographie gestärkt – einen Platz an einem der beiden Seile zu suchen, an dem sie/er zum momentanen Zeitpunkt im Bezug auf die Loslösung des Kindes steht. Diese Stelle wird markiert. Außerdem sucht die Klientin/der Klient eine Stelle an den Seilen als Ziel aus, also bis zu welcher Stelle sie/er gehen möchte bzw. kann, um die selbstregulatorischen Fähigkeiten des Kindes zu unterstützen. Auch dieser Ort wird markiert.

Nun fragt die Beraterin die Klientin/den Klienten, welche Ressourcen aus der Vergangenheit ihr/ihm helfen können, um das markierte Ziel zu erreichen. Sollte eine Ressource fehlen, kann diese noch zusätzlich ergänzt werden.

In Form von kleinen Teilschritten erarbeitet die Klientin/der Klient – angeleitet durch die Beraterin – Möglichkeiten, um vom momentanen Ist – Punkt zum Zielpunkt zu gelangen. Diese Teilschritte werden auf Kärtchen notiert.

Die Beraterin ankert erneut die Ressourcen. Dies kann auch in Form einer weiterführenden Methode, der Ressourcenskulptur geschehen.

Diese Methode eignet sich besonders, um innere Bilder und Glaubenssätze des Loslösungsprozesses bei der Klientin/dem Klient zu erfragen. Auch eventuelle Traumatisierungen der Mutter/des Vaters, die das Loslassen des Kindes erschweren, können während dieser Methode beleuchtet werden. Dies dient dann als Ansatzpunkt für die weiterführende Arbeit.

Durch die Methode erweitert sich in der Regel auch das Wissen der Eltern um angemessene Entwicklungsbedingungen. Sie regt zum Perspektivwechsel, also zum Einfühlen in das Kind an, zeigt Handlungsalternativen auf und wirkt stärkend auf die Eltern, da sie eine Verbindung zwischen ihren Fähigkeiten und Ressourcen vor der Elternschaft und ihrer jetzigen Herausforderung spüren können. In der Regel hat jeder Elternteil den Wunsch, sein Kind gut zu begleiten. Durch den Einsatz dieser Methode wird die Motivation oftmals spürbar.

3.2.3. Schwerpunkt Entwicklungsberatung, Perspektivwechsel, Veränderung der Eltern-Kind-Interaktion

Das Videogestützte Arbeiten – „Seeing is beliving"[77]

Selbst bei sehr leidvollen, sehr reduzierten Interaktionsprozessen gibt es auch immer Momente und Aspekte, wo es gut ist oder zumindest deutlich besser klappt als sonst. Die Kernidee des lösungsorientierten Ansatzes der systemischen Arbeit ist es nun, genau diese Situationen, in denen etwas gut klappt, in den Aufmerksamkeitsfokus und ins Bewusstsein zu rücken. Durch das Videogestützte Arbeiten werden Interaktionen zwischen Eltern und Kind in den Fokus gerückt und beleuchtet. Je nach Störungsbild oder Schwierigkeit der Familie können Szenen wie z. B. die Interaktion beim Spielen, Wickeln, Zwiegespräch oder auch kurze Trennungssituationen gefilmt und im Anschluss ausgewertet werden.

„Im Rahmen einer unterstützenden, fürsorglichen Beziehung zwischen der Beraterin, (…) und einer Familie, stellt das Filmen eine sehr positive Lernerfahrung für die Eltern dar. Die Videoaufzeichnungen erfüllen viele wichtige Funktionen. Zum Beispiel:

Sie lenken die Aufmerksamkeit auf die Eltern-Kind-Beziehung: Das Filmen ist eine konkrete Strategie, um das Kind – und die Eltern-Kind-Beziehung – in den Mittelpunkt der Wahrnehmung zu rücken.

Sie unterstreichen die Kompetenz der Eltern: Durch das Filmen kann man dokumentieren, dass die Eltern sich nach Kräften bemühen, die Hinweise ihres Kindes zu verstehen und darauf einzugehen.

Sie schaffen einen bleibenden Beleg: Die Dokumentation der sich entwickelnden Eltern-Kind-Beziehung hat viele Vorteile; sie macht es möglich, die

---

[77] FARELL ERIKSON, Martha; EGELAND; Byron: Die Stärkung der Eltern-Kind-Bindung. S. 99

Entwicklung des Kindes zu verfolgen, gibt der Beraterin ein Mittel an die Hand, dass sie die Supervision nutzen kann; und verschafft der Familie ein wertvolles Andenken.

Sie eröffnen neue Perspektiven: Die Filme regen die Eltern dazu an, den Standpunkt eines objektiven Beobachters einzunehmen und von außen auf die Beziehung zu ihrem Kind zu schauen."[78]

Skalierungsfrage vor der Betrachtung des Videos

Bei stark verunsicherten Müttern oder Vätern, die sehr an ihren Fähigkeiten zweifeln, empfiehlt es sich, vor der Betrachtung und Auswertung des Videos eine Skalierungsfrage zur Feinfühligkeit zu stellen. Sie könnte lauten: „Was denken sie, wie feinfühlig können sie sich ihrem Kind gegenüber verhalten? Wie gut erkennen sie seine Signale und reagieren darauf? Ordnen sie ihre gefühlte Feinfühligkeit in einer Skala von 0 – 10 ein. Null ist gar nicht feinfühlig, 10 ist sehr feinfühlig." Da während der Videobetrachtung überwiegend, oder ausschließlich positive Szenen betrachtet werden, wird die Mutter/der Vater nach der Betrachtung eine höhere Selbstwirksamkeit spüren und dies, mit Hilfe der Skalierungsfrage auch kognitiv begreifen können.

Die Betrachtung des Videos

Die Beraterin/Therapeutin sucht eine oder mehrere Szenen aus, die gelungen sind, d.h., auf denen eine positive Interaktion stattfand.

„Nützliche Formulierungen beim Anschauen des Videos:

---

[78] FARELL ERIKSON, Martha; EGELAND; Byron: *Die Stärkung der Eltern -Kind -Bindung*.S. 99

Stärken erkennen: „Sie haben anscheinend sofort erkannt, was ihr Baby wollte. Woher wussten sie das?", „Was meinen sie, was ihr Baby in diesem Moment empfunden hat?"

Konzentration auf die Signale des Babys: „Wie hat ihr Baby in diesem Moment seine Gefühle mitgeteilt?" Oder, allgemeiner: „Wie teilt ihr Baby ihnen mit, was es fühlt?", „Schauen sie mal, was ihr Baby da gerade gemacht hat." (während man auf einen bestimmten Gesichtsausdruck, eine bestimmte Geste oder Haltung etc. hinweist.) „Was sollte es ihnen sagen, was glauben sie?"

Zu einem tieferen Verständnis anregen: Wenn sie wissen, dass die Eltern die Signale des Kindes falsch interpretieren, sollten sie behutsam anleiten: „Vielleicht. Doch wenn Babys sich so verhalten, bedeutet das häufig..."

Offene Fragen: „Ich frage mich, was ein Baby wohl empfindet, wenn..." (an dieser Stelle verweist man auf ein bestimmtes elterliches Verhalten), z. B. „Wenn es in die Luft geworfen wird" oder „wenn es sanft gestreichelt wird"."[79]

Diese Methode eignet sich besonders, um die Perspektive des Kindes anzunehmen. Kleine Sequenzen können mit Hilfe des Videos immer wieder betrachtet und gemeinsam mit den Eltern besprochen werden. Eltern erhalten somit Anregungen, positives Interaktionsverhalten zu erkennen und zu wiederholen. Fragen, die sich hierfür eignen sind u. a.:

Was denken sie, wie wirkt es auf ihr Baby, wenn sie es in diesem Moment auf diese Art und Weise trösten?

Sehen sie, was ihr Kind nun schon ganz alleine geschafft hat? Wie ist das für sie?

---

[79] FARELL ERIKSON, Martha; EGELAND; Byron: *Die Stärkung der Eltern-Kind-Bindung.* S. 104

Woran erkennt ihr Kind in diesem Moment, dass sie ihm die Aufmerksamkeit schenken?

Wie fühlt es sich für sie an, wenn sie sehen, wie gut sich ihr Kind von ihnen beruhigen lässt?

Welche Mutter/welchen Vater erlebt ihr Kind in diesem Moment?

Durch die Auswertung des Videos können „Teufelskreise" der Interaktion identifiziert werden und in „Engelskreise" umgewandelt werden. Gemeinsam mit den Eltern wird in diesem Zusammenhang erarbeitet, wie ein „mehr von dem, was klappt" in den Alltag integriert werden kann.

Neben der Möglichkeit des Perspektivwechsels bietet diese Methode auch noch aktive, passgenaue Entwicklungsberatung. Sequenzen, die die Fähigkeiten des Kindes hervorheben, wie z. B. Feinzeichen von Selbstregulation oder erste Versuche, beim Essen mit den Händen den Mund zu treffen, können hervorgehoben werden und als wichtige Teilschritte des Kindes zur eigentlichen Zielerreichung (z. B. Selbstberuhigung oder eigenständiges Essen) erkannt und benannt werden. Auch Glaubenssätze wie „mein Kind lehnt mich ab, weil es immer so schreit" oder „er will mich ärgern" können aufgrund der Entwicklungsberatung mit Hilfe des Videos thematisiert, bearbeitet und gelöst werden.

3.3. Methoden zur Behandlung früherer Traumatisierungen bei Vater/Mutter
Der sichere innere Ort (in Anlehnung an Luise Reddemann)

„Der innere sichere Ort soll die Erfahrung von absoluter Sicherheit und Geborgenheit vermitteln. (…) Man kann sich seinen Wohlfühlort frei wählen, auch ob er auf der Erde ist oder ob er außerhalb ist, auf einem anderen Planeten. (…) Der Klient kann durch eine Traumreise an den sicheren inneren Ort geführt werden: „Sagen sie mir bitte Bescheid, wenn sie das Gefühl haben, dass sie jetzt an ihren sicheren Ort sind. Wenn sie möchten, können sie mir jetzt ihren sicheren Ort beschreiben. Wenn es ihnen lieber ist, mir nichts darüber zu sagen, ist das für mich in Ordnung. Bitte prüfen sie, ob sie sich dort wirklich ganz und gar wohl, sicher und geborgen fühlen. Schauen sie nach, ob sie es sich dort wirklich bequem machen können. Es ist wichtig, dass sie sich wohl, sicher und geborgen fühlen. Richten sie sich ihren sicheren Ort also bitte so ein, dass dies möglich ist.

Spüren sie jetzt bitte ganz genau, wie es ihrem Körper damit geht, an diesem inneren sicheren Ort zu sein. Was sehen sie? Was hören sie? Was riechen sie? Was spüren sie auf der Haut? Wie geht es ihren Muskeln? Wie ist die Atmung? Wie geht es ihrem Bauch? Nehmen sie das bitte so genau wie möglich wahr, damit sie wissen, wie es sich anfühlt, an diesem Ort zu sein... Verabreden sie jetzt mit sich ein Zeichen, mit dessen Hilfe sie jederzeit an den sicheren Ort gehen können. Sie können zum Beispiel eine Faust machen oder sich die Hände geben. Immer wenn sie diese Geste machen werden, können sie an den sicheren Ort gehen, wenn sie das möchten. Führen sie diese Gestik bitte jetzt aus, damit ihr Körper sich daran erinnert.(...) Spüren sie bitte noch einmal, wie gut es ihnen jetzt an diesem sicheren Ort geht und kommen sie dann wieder zurück in diesen Raum."[80]

Anwendung sollte diese Methode in der Regulationsstörungsberatung dann finden, wenn (vermutete) Traumatisierungen die Eltern daran hindern, funktionale Muster in der Interaktion auszuprobieren. Eine Mutter, die z. B. das Weinen des eigenen Kindes nicht erträgt, weil es in ihr eine übergroße Not auslöst und emotionale Erinnerungen weckt, kann sich durch eine Imaginationsübung wie z. B. der sichere innere Ort emotional selbst „in Sicherheit" bringen, um adäquater

---

[80] http://www.blumenwiesen.org/imagination.html

mit dem Weinen des Kindes umgehen zu können. Wichtig hierbei ist, die Mutter/den Vater anzuleiten, auf das Weinen des Kindes zu hören, um es kognitiv unterscheiden zu können. Welches Weinen dient z. B. dem Stressabbau des Kindes, also der Selbstregulation, welches Weinen soll mitteilen, dass das Baby Hunger hat oder die Windel voll ist und welches Weinen verlangt nach intensiven Körperkontakt. Auch hier ist es notwendig, die Methode der Traumatherapie so in den Beratungs-/Therapiekontext einzubringen, dass es eine Rückkopplung auf die Interaktion mit dem Baby geben kann.

Die Arbeit mit dem inneren Kind (In Anlehnung an Luise Reddemann)

Stellt sich während des Beratungsprozesses heraus, dass die Regulationsstörung ursächlich mit einer Traumatisierung der Mutter oder des Vaters in Verbindung steht, oder dadurch aufrechterhalten wird, kann mit der Methode „Arbeit mit dem inneren Kind" gearbeitet werden. Hierbei ist es wichtig, immer die Rückkopplung der gewonnen Erkenntnisse mit der aktuellen Interaktion zwischen Mutter/Vater und dem Kind zu gewährleisten. Reichen kleine Elemente der Traumatherapie nicht aus, sollte zu einer separaten Traumatherapie angeregt werden.

Methode:

Die Beraterin/Therapeutin sucht mit dem Klienten den „sicheren Ort" auf, bzw. konstruiert ihn, um folgende Methode im Anschluss durchzuführen. Sollte es während der Methode zu einer Retraumatisierung kommen, führt die Beraterin/Therapeutin den Klienten an den „sicheren Ort", um den Klienten zu stabilisieren.

Der Klient wird gedanklich in eine Situation geführt, die für ihn schwierig/traumatisierend war. Die Beraterin/Therapeutin fragt sehr detailliert nach

Empfindungen, Körperwahrnehmungen, den räumlichen Begebenheiten von damals und lässt den Klienten somit in das damalige Geschehen eintauchen. Nun wird der Klient aufgefordert, sich vorzustellen, dass er als erwachsene Frau/erwachsener Mann die Situation hinter einem Vorhang des Raumes, in dem das Erlebnis geschehen ist, steht und das Geschehen beobachtet.

Hat der Klient sich in das Kind/den Jugendlichen von damals eingefühlt, tritt in Gedanken der Klient als heute Erwachsener/Erwachsene hinter dem Vorhang vor und kümmert sich um das Kind von damals. Der Klient wird angeleitet, das Kind zu fragen, was es denn braucht damit es ihm besser geht und dies zu erfüllen. Je nach Situation kann der heute Erwachsene auch in Kontakt mit den Menschen treten, die an der traumatisierenden Situation beteiligt waren, um Dinge aufzuklären oder auszusprechen.

Nach Beendigung der Imaginationsübung werden die Dinge, die dem Kind geholfen haben gesammelt und eine Umsetzung für den Alltag überlegt. Wichtig ist es, an dieser Stelle zu filtern, welche dysfunktionalen Muster im Interaktionsprozess mit dem eigenen Kind durch dieses traumatisierende Ereignis entstanden sind. An dieser Stelle sollen Handlungsalternativen erarbeitet werden, deren Umsetzung mit dem „Lösungsfokussierten Interview" praktiziert werden können.

Schreibabys: Ursachen – Folgen – Lösungsmöglichkeiten von Karolin Strohmeyer
2012

Einleitung

Früher wurde der erste Schrei eines Neugeborenen innig erwartet, denn man glaubte, dass die kindliche Lunge sich nur so vollständig zur Aktivitätsaufnahme entfalten könnte. Mit zunehmender Sensibilisierung für den Säugling wird heutzutage das Schreien – welches uns ein Leben lang begleiten wird bis hin zur Pubertät oder bis man selber Eltern wird – eher negativ assoziiert. Die Gründe des gelegentlichen Schreiens sind Unwohlsein und ein unerfülltes Bedürfnis wie z.B. eine volle Windel oder Hungergefühl. Einige junge Säuglinge schreien aber auch ohne erkennbare und erklärbare Ursache und dies besonders häufig. Viel Schreien stärkt nicht die Lunge, sondern kann die Interaktion vom Säugling zur Bezugsperson beeinträchtigen[81]. Aus diesem Grund sind auch die meisten Eltern mit diesen sogenannten „Schreibabys" überfordert, auf dieses Phänomen nicht vorbereitet und stehen daher der Situation hilflos gegenüber[82]. Unterschiedliche Studien zeigen, dass 8-29% aller gesunden Säuglinge von exzessiven Schreien betroffen sind.[83] Zudem kommt es auch zu einer Belastung der Partnerschaft und ggf. auch der Beziehung zu Familienmitgliedern, die meinen, es besser zu wissen im Umgang mit „Schreibabys".

Wichtig finde ich, das Thema besser zu durchleuchten und daher notwendig, das Thema auch in der Öffentlichkeit zu behandeln, um Eltern, insbesondere Müttern, Mut zu machen und ihnen zu zeigen, dass sie nicht allein sind und es Lösungen für ihr Problem gibt.

---

[81] Bensel, J. und Haug-Schnabel, G.: Primär exzessives Schreien in den ersten drei Lebensmonaten. In: Keller, H. (Hrsg.) Handbuch der Kleinkindforschung, 2. rev. Aufl., Bern, 1997.

[82] http://www.morgenpost.de/familie/article1144398/Was_man_tun_kann_um_Schreibabys_zu_beruhigen.html

[83] Hofacker, Nikolaus von und Papousek, M. und Jacubeit, T. und Malinkowski, M.: Rätsel der Säuglingskoliken: Ergebnisse, Erfahrungen und therapeutische Interventionen. Aus: Münchner Sprechstunde für Schreibabies – Montasschrift Kinderheilkunde Bd. 147. Berlin, 1999.

In meiner Arbeit möchte ich – als Lehramtsstudentin und „irgendwann" Mutter – zunächst definierend auf die unterschiedlichen Schreitypen und deren Ursachen eingehen, um dann den Schwerpunkt auf Lösungsmöglichkeiten für Eltern und Hilfestellungen für Eltern von Seiten der Pädagogen zu legen.

Schreibabys

Definition

Von einem „normalen" Schreiverhalten ist die Rede, wenn Säuglinge mit zwei Wochen etwa eineinhalb bis zwei Stunden pro Tag und vier bis sechs Wochen etwa zwei bis drei Stunden am Tag schreien. Nach diesem Alter nimmt das Schreien kontinuierlich ab. Bei Babys findet das Schreien meistens in den frühen Abendstunden statt, später verteilt sich das Schreien mehr auf den Tag. „Dieser Verlauf des Schreiens gehört zur normalen Entwicklung des Kindes und ist Ausdruck der Bewältigung seiner Entwicklungsaufgaben."[84] Die Dreierregel, welche 1954 von dem amerikanischen Kinderarzt Morris Wessel formuliert wurde, definiert, ab wann das Schreien eines Säuglings als exzessiv zu beurteilen ist. Gemäß der „Wessel-Criteria"-Regel handelt es sich um ein Schreibaby, wenn die Schrei- und Unruheanfälle über mehr als 3 Stunden pro Tag, an mehr als 3 Tagen pro Woche und über mehr als 3 Wochen andauern. Übermäßiges bzw. exzessives Schreien ist zum Leidwesen der Eltern gar nicht so selten, mittlerweile wird dies in den ersten drei Monaten bei jedem achten bis zehnten Säugling beobachtet.

„Schreitypen"

Das Schreien ermöglicht Babys, sich ihren Eltern gegenüber auszudrücken und sie auf ihre Grundbedürfnisse aufmerksam zu machen. Das Schreien ist nur eine Möglichkeit, sich mitzuteilen, jedoch die wirksamste. Jedes Baby schreit dabei auf unterschiedliche Weise (Schreiintensität) und jedes Mal, wenn das Baby schreit, klingt es anders. Die meisten Eltern „erschließen die Wünsche des Kindes nicht nur aufgrund des Schreiens, sondern vor allem auch aus der

---

[84] Trapmann, Hilde und Rotthaus, Wilhelm: Auffälliges Verhalten im Kindesalter: Handbuch für Eltern und Erzieher. Dortmund, 2004, S. 221.

Wahrscheinlichkeit ihres Auftretens".[85] Dr. Joachim Bensel[86] und sogenannte „Schreiakustiker" können Schreie unterscheiden. In einem „Schrei-Wörterbuch" unterscheidet Bensel zwischen sechs unterschiedlichen „Schreitypen":

1. „Der Sehnsuchts-Schrei" (gehört zur Kategorie der Kontaktlaute)

Dieser findet statt, wenn das Baby bemerkt, dass keiner mehr im Raum oder in seiner Nähe ist. Zuerst wird daraufhin ein kurzer „Kontakt-Laut" ausgesendet. Wenn darauf keiner reagiert, geht die Sirene los. Die beste Reaktion ist schnell zum Baby hinzugehen und es in den Arm zu nehmen.

2. „Der Hunger-Schrei" (gehört zur Kategorie der Trinklaute)

Das Baby weint und gleichzeitig z.B. schmatzt es oder saugt an seiner Faust/seinem Finger. Das anfängliche Quengeln formt sich in ein energisches Schreien nach Nahrung um. Zunächst sollte man als Elternteil überlegen, wann die letzte Mahlzeit stattgefunden hat und dann ggf. die Brust oder Brei anbieten und schauen was passiert.

3. „Der Müdigkeits-Schrei" (gehört zur Kategorie der Schlaflaute)

Das Baby meckert und reibt sich dabei die Augen. Kommt es trotz der anstehenden Müdigkeit nicht zum Schlafen wird das Schreien lauter und energischer. Die beste Reaktion ist abwarten und in der Nähe bleiben. Gesagt wird, dass Babys ab sechs Monaten nach einer kurzen Weinphase häufig von selbst einschlafen.

4. „Der Schmerz-Schrei" (gehört zur Kategorie der Unmutslaute)

Das Baby weint und schreit mit allen Kräften. Es lässt sich kaum noch beruhigen und anfassen. „Der Schmerz-Schrei" ist dabei der schrillste und intensivste Laut im Schrei-Repertoire. Hierbei sollte man als Elternteil möglichst schnell

---

[85] ebd., S. 119.

[86] Bensel, Joachim: Was sagt mir mein Baby, wenn es schreit? – Wie sie ihr Kind auch ohne Worte beruhigen und verstehen können. Ratingen, 2003.

reagieren. Zunächst sollte geprüft werden, ob ein Schmerz der Auslöser ist, den man als Elternteil beseitigen kann, wie z.B. den wunden Po oder eine Beule an der Stirn. Wenn man den Schmerz nicht definieren kann, sollte man den Kinderarzt aufsuchen.

5. „Der Stress-Schrei" (gehört zur Kategorie der Unmutslaute)

Das Baby krümmt sich und ballt die Fäuste. Der anfänglich kurze schrille Schreiausruf entwickelt sich zu einem untröstlichen Weinen. Die beste Reaktion ist die Störquelle, oft Lärm oder Überstimulation zu reduzieren bzw. auszuschalten. Eine vertraute Umgebung oder ein vertrauter Gegenstand sowie Ruhe können helfen.

6. „Der Langeweile-Schrei" (gehört zur Kategorie der Unmutslaute)

Das Baby strampelt und rudert mit den Armen und Füßen. Es wird gejammert und genölt. Ratsam ist es, mit dem Baby liebevoll und normal zu reden. Bekannte Umgebung und Personen, aber auch das Fenster mit abwechslungsreicher Umwelt können ablenken.

Und dann gibt es noch die Kategorie der Wohligkeitslaute, wenn das Baby vor sich hin brabbelt, fröhlich quietscht und mit sich und der Welt zufrieden ist und eigentlich gar keinen Kontakt sucht.

Ursachen des Schreiens

Im Vergleich der Kulturen ist Deutschland eindeutig das Land, in dem besonders das schnelle, frühzeitige Selbstständig-Werden angestrebt wird. So sollen Kinder schnellstmöglich ihr eigenes Bett, ihr eigenes Zimmer und später auch ihr eigenes Zuhause haben. Diesbezüglich sieht das bei den Naturvölkern ganz anders aus, welche bis zum Kindesalter die Nähe zum Kind anstreben und betonen. Dies geschieht, indem man die Kinder auf dem Bauch oder Rücken durch eine Wickeltechnik an sich legt. Schreibabys sind folglich ein „Kulturphänomen" und Schreien wird hier als „Signal-Telegramm" benutzt.[87] Ursachen können einen organischen und psychischen Hintergrund sowie kurzfristige oder langfristige Folgen haben.

Schreien vor Hunger

Hunger ist der häufigste Grund, aus dem Kleinstkinder anfangen, zu weinen. Das anfängliche Quengeln formt sich in ein energisches Schreien nach Nahrung um. Hier sollte das Bedürfnis „Durst" sofort beseitigt werden, um Vertrauen aufbauen zu können. Wenn trotz des Hungerstillens keine Beruhigung beim Baby stattfindet, sollte man auf den Ernährungsrhythmus und eventuelle Ernährungsfehler achten. Den eigenen Ernährungsrhythmus findet jedes Kind sehr schnell von selbst. In Kliniken wird dazu geraten, das Kind alle vier oder sogar sechs Stunden zu füttern. Wenn das Baby nun aber schon nach zwei Stunden wieder Hunger hat, wäre es fatal, zu warten. Als Elternteil sollte man lernen, auch den Ernährungsrhythmus seines Kindes zu erkennen und sich diesem anzupassen. Denn das kindliche Zeitempfinden unterscheidet sich sehr stark von dem einer erwachsenen Person. Wenn das Baby nach einer Stunde wieder Hun-

---

[87] Trapmann, Hilde und Rotthaus, Wilhelm: Auffälliges Verhalten im Kindesalter: Handbuch für Eltern und Erzieher. Dortmund, 2004, S. 220.

ger hat, sollte man allerdings versuchen, diesen Rhythmus zu ändern. Ein behutsames Trainieren des Aufschubs ist hier die Lösung. Keinesfalls sollte die Beruhigung sofort mit Essen, dem Schnuller oder Fernsehen stattfinden. Eine weitere Ursache kann aber auch ein Ernährungsfehler sein. Es sollte nur gefüttert werden, wenn das Baby hungrig ist, nie nach einer Uhr, sondern immer nach seinen Bedürfnissen. Wenn das Baby keinen Hunger mehr hat, wird es sich melden. Die Fütterung sollte auf keinen Fall fortgesetzt werden. „[Babys] trinken [,] wann sie es benötigen und so viel sie brauchen."[88].

Schreien vor Müdigkeit

Das Baby meckert und reibt sich dabei die Augen. Dabei kann unterschieden werden zwischen dem „Nicht-Einschlafen-Wollen" und dem „Nicht-Einschlafen-Können". Das „Nicht-Einschlafen-Wollen" kennt man eher von älteren Kindern. Es kann aber auch schon bei Babys eintreten, meistens wenn die Babys immer mobiler werden und die Umwelt für sich entdeckt haben und diese sich als weitaus interessanter als das Schlafen gehen herausstellt. Das „Nicht-Einschlafen-Können" kommt vor, wenn das Baby sich gestört fühlt durch z.B. Geräusche, Lichteinfall und Bewegungen. Babys benötigen bestimmte Voraussetzungen, um schlafen zu können, welche durch einen festen Schlafplatz garantiert werden. Zudem sollte auf „Ruhe, Dunkelheit, Wärme und eine reizarme Umgebung"[89] geachtet werden.

---

[88] http://www.schreibabys.info/hunger-als-schreiursache.html

[89] http://www.schreibabys.info/schreien-vor-muedigkeit.html

Schreien aufgrund von physischen Ursachen

Das Baby weint und schreit mit allen Kräften. Es lässt sich kaum noch beruhigen und anfassen. Wachstumsschübe, wie beispielsweise das Zahnen, die für Babys mit Schmerzen verbunden sind, aber auch Krankheiten können die Ursache sein. Vor allem in den ersten drei Monaten können folgende Krankheiten auftreten:

3-Monats-Kolik: Durch die Umstellung des Darms auf die Milchnahrung kann es (nur) in den ersten drei Monaten zur Kolik kommen. Das Schreien der Babys findet häufig am Nachmittag oder Abend für eine festgelegte Zeitspanne statt. Schon beim Stillen sollte darauf geachtet werden, dass das Baby nicht zu viel Luft schluckt, da dies verstärkt Blähungen hervorruft. Zur Behandlung gibt es Medikamente und homöopathische Mittel, aber auch das Tragen auf dem Bauch, Kirschkernkissen, sanftes Schaukeln und Massagen mit „4-Winde-Öl" haben sich bewährt.

Fieber: Fieber kommt bei Kleinstkindern ziemlich häufig vor. Die Ursache von einer erhöhten Temperatur kann Schnupfen oder das Zahnen sein. Zur Abkühlung können kalte Wadenwickel helfen. Bei zu hohem Fieber trotz fiebersenkender Mittel sollte ein Arzt konsultiert werden.

KISS: KISS ist eine Kopfgelenk-induzierte Symmetriestörung. Symptome, die KISS anzeigen können, sind z.B. das Schiefhalten des Kopfes, Berührungsempfindlichkeit im Nacken oder auch einseitige Lagen beim Schlafen. Das KISS-Syndrom kann nur durch eine ärztliche Betreuung behandelt werden. Die Folge des Kiss-Syndroms ist häufig eine Entwicklungsverzögerung des Kindes – bei Vorsorgeuntersuchungen sollte dies jedoch rechtzeitig erkannt werden.

Schreien aufgrund von psychischen und sozialen Ursachen

Psychische und soziale Ursachen spielen neben den physischen Ursachen auch oft eine große Rolle. Dabei geraten Eltern oft in einen Teufelskreis, weil sie durch ihr Fehlverhalten das Schreien des Babys noch verstärken, was sich wiederrum erneut auf das Verhalten der Eltern auswirkt.

Zu den psychischen und sozialen Faktoren gehören z.b. die Überforderung des Kindes durch Reizüberflutung, oder ein „schwieriges" Temperament des Kindes, aber auch Konflikte zwischen den Elternteilen oder Ängste und Depressionen der Eltern oder schlicht Armut. Langfristig resultiert daraus eine gestörte Eltern-Kind-Interaktion.

Folgen

Die Folgen von exzessivem Schreien können sowohl bei Eltern, als auch bei Kindern auftreten und kurzfristig oder langfristig zu beobachten sein. In erster Hinsicht stehen Mütter von Schreibabys unter Dauerstress und enormem Druck. Meist wird dann auch auf harmlose Situationen aus Angst sehr stark reagiert. Es bildet sich regelrecht innerliche Panik aus.

Zu den kurzfristigen Folgen für das Kind gehört u.a. die Verringerung der Sauerstoffzufuhr. Bei jedem Schreien erhöht sich die Herzfrequenz des Babys und ein verringerter Sauerstoffgehalt im Blut ist die Folge. Schlimmstenfalls kann dies dazu führen, dass das Gehirn nicht optimal mit Sauerstoff versorgt wird.

Aber auch Stresssituationen für die Eltern und das Kind bilden kurzfristige Folgen. Es kann sich negativ auf das Wohlbefinden und im Extremfall auf die Entwicklung des Kindes auswirken.

Bei den langfristigen Folgen kann es zu Bindungsproblemen und somit zu einem gestörten Eltern-Kind-Verhältnis kommen. Ein gestörtes, meist liebloses Verhältnis wiederum kann sich negativ auf die Entwicklung des Kindes auswirken. Unter Forschern wird noch heute diskutiert, ob es einen Zusammenhang zwischen exzessivem Schreien und späteren Entwicklungsproblemen wie z.B. ADS, Essstörungen und Schlafstörungen gibt. Bis heute konnte dies noch nicht nachgewiesen werden. Jedoch weiß man, dass sich im Laufe der Monate bei Müttern mit Schreibabys Gefühle einschleichen wie Aggression, Wut, Frust, bis hin zu Depressionen. Hinzu kommt das soziale Denken, was die Anderen wohl über einen denken würden: „Ist man zu jung und schreit deshalb das Baby zu viel oder ist man gerade zu alt. Wird man den Bedürfnissen des Kindes nicht gerecht oder wirkt es auf andere, als wäre man einfach restlos überfordert?". Die Unsicherheit der Erziehungsperson steigert sich so sehr stark. Eine Anpassung (Veränderung der Elternhaltung) von Eltern zum Kind sollte schrittweise stattfinden. Durch ein Schreibaby müssen meist die Mütter auf ihre eigenen wichtigen Bedürfnisse wie Schlafen, Hunger, Ruhe und vielleicht ein bisschen Zeit, um ein Buch zu lesen, verzichten. Myriam Thöne hat ihren eigenen Erfahrungsbericht mit einem Schreibaby geschrieben und im Internet unter „Schreibabies und Schreikinder"[90] veröffentlicht. Sie fordert eine Neudefinierung der Erziehungsziele. Es sei wichtig, dass die Mütter die Erziehung nicht als Kampf auffassen, denn durch die dadurch entstehenden Stresssituationen werden meist Aggressionen und Gewaltverhalten gegenüber dem Baby hervorgerufen. So schildert sie, dass Mütter nach einiger Zeit einem Verfolgungswahn von schreienden Babys unterliegen und bereits beim kleinsten Meckern ihres Kindes zusammenzucken würden. Im schlimmsten Falle enden daraus resultierende Fehlhandlungen gegenüber dem Kind mit Kindesmisshandlungen und dessen Tod.

Erschreckend ist es, zu sehen, wie viele Artikel über den Tod eines Säuglings existieren, bei denen die Recherche ergab, dass als Begründung für das den Tod hervorrufende Fehlverhalten der Eltern angegeben wurde, das Kind habe geschrien.

---

[90] http://home.foni.net/~hthoene/schreibabies.htm

Was kann man tun?

Als Eltern

In erster Hinsicht heißt es für Eltern: Ruhe bewahren und ausstrahlen! Natürlich gibt es für „Eltern kein Patentrezept"[91], um „Schreibabys" schnellst möglich zu beruhigen. Allerdings ist sicher, dass sich die innere Ruhe auf Kinder überträgt. Sobald man selbst Kinder hat oder schon einmal mit ihnen gearbeitet hat, weiß man, dass sich das Verhalten von einem selber sehr schnell auf das Kind übertragen kann. So habe ich selbst diese Erfahrungen in meinem Freiwilligen Sozialen Jahr in einer Krippe machen können – hetzt man beim Anziehen der Kinder und beeilt sich, merken diese das und reagieren ihrerseits meist mit Nörgeln und Herumalbern. Natürlich kann es einem sehr schwer fallen bei „Schrei-Attacken" ruhig zu bleiben, es ist aber sinnvoll, selbst ein Gegenpol zu sein. Zudem sollte man sich im Klaren sein, dass die Interaktion nicht die Ursache für derartige Störungen sein muss, sondern nur im Rahmen der Interaktion mit einer Bezugsperson auftreten kann.

Für mich ist der wichtigste Faktor im Anfangsalter das Vertrauen, denn nur durch die immer wiederkehrende Befriedigung der Bedürfnisse eines Babys kann sich eine sichere Bindung zwischen Eltern und dem Kind aufbauen. Das Vertrauen stellt sich als Fundament für das ganze Leben dar, es entwickelt sich über die Jahre hinweg weiter und bleibt immer ein Teil von einem selbst. Zu viel Baby-Liebe kann es laut Experten nicht geben, das sofortige Reagieren auf Bedürfnisse des Babys ist also auch hier gefordert.[92]

Unter schreibabys.info.html[93] kann man weitere Tipps zur Beruhigung von Schreibabys finden:

---

[91] http://www.schreibabys.info/beruhigen.html

[92] http://www.eltern.de/baby/4-8-monate/baby-liebe.html

[93] http://www.schreibabys.info/beruhigen.html

„1. Sprechen Sie in ruhigem, sanftem Tonfall mit Ihrem Baby.

2. Singen oder summen Sie Ihrem Baby etwas vor.

3. Massieren Sie Ihr Baby sanft."

Auch diese Erfahrungen konnte ich in meinem FSJ sammeln. Vormittags sowie nachmittags wurden in unserer Krippe extra Kurse für Babys und eine Babymassage angeboten. Viele Eltern, insbesondere Mütter, empfanden dies sowohl für sich als auch für die Babys als sehr entspannend und beruhigend.

„4. Stellen Sie Körperkontakt zu Ihrem Baby her, indem Sie es z.B. auf Ihren nackten Oberkörper legen oder auf den Schoß nehmen.

5. Beugen Sie Ihr Baby, wenn es sich mit steifem Rücken streckt, wieder in eine gekrümmte Position.

6. Präsentieren Sie Ihrem Baby tiefe, monotone Klänge und Geräusche (z.B. eine tickende Uhr, laufendes Wasser, Metronom oder Meeresrauschen).

7. Tragen Sie Ihr Baby möglichst lange am Körper.

8. Tanzen Sie mit Ihrem Baby auf dem Arm.

9. Setzten Sie sich mit Ihrem Baby auf einen Pezzi-Ball und wippen Sie auf und ab.

10. Ermöglichen Sie Ihrem Kind interessante Anblicke wie z.B. sich selbst in einem Spiegel, lustige Grimassen, das schwingende Pendel einer Uhr oder ein Aquarium."[13]

Weiterhin sehe ich in Ritualen und einem festen Tagesablauf ein gewisses Gefühl von Sicherheit für Babys. Am meisten geborgen fühlen sie sich, wenn sie einzelne Abläufe ihres Tages ganz genau kennen. So wird einer Mutter bereits im Krankenhaus geraten, das Wickeln meist vor dem Stillen zu erledigen, so dass das Wickeln direkt mit dem beruhigenden Stillen verbunden werden kann. Weitere Rituale können das Vorlesen oder Kuscheln vor dem Zu-Bett-Gehen, oder aber auch Baden und die Babymassage sein.[94] Außerdem sollte man nicht verzichten, sich Unterstützung von außen zu holen, als Hilfe kann man sich mit Familienmitgliedern eine Art Zeitplan bzw. Schichtplan erstellen. Als Elternteil sollte man sich bewusst sein, dass man selber keine Schuld trägt und auch seine eigene Gesundheit im Blick haben. Das Baby in manchen Situationen „wegschieben/-geben" zu anderen Familienmitgliedern und sich somit eine kurze „Time-out-Phase" zu gönnen, bewirkt manchmal Wunder und wird von Ärzten empfohlen.[95] Sinnvoll ist es, als Elternteil offen und bereit zu sein, verschiedene Methoden und Verhaltensweisen auszuprobieren. Vielleicht kann man schon mit der kleinsten Übung sein Kind beruhigen. Wenn sich trotzdem noch Aggressionen aufstauen, wird geraten, ein Kissen außerhalb des Zimmers zu deponieren als Puffer. So kann man durch Schlagen des Kissens seine Aggressionen herauslassen und es staut sich nichts an.

Als Pädagogen

Auch von Pädagogen können Eltern sich Tipps und Hilfe holen. Erfahrungen zeigen, dass allgemeine Erziehungsratgeber in Buchform selten hilfreich sind und eher zur Verunsicherung von Eltern führen, sodass es wesentlich sinnvoller erscheint, eine individuelle Beratung aufzusuchen. Denn nach Meinung von Britta Ortwein-Feiler, Pädagogin bei der Erziehungsberatungsstelle der Katholischen Jugendfürsorge, sei es vor allem wichtig: „Eltern Anerkennung zu schenken und sie zu stärken. So können sie wieder die schönen Augenblicke mit

---

[94] http://www.schreibabys.info/rituale.html

[95] Deutsche Gesellschaft für Kinder- und Jugendpsychiatrie und Psychotherapie u.a. (Hrsg.): Leitlinien zur Diagnostik und Therapie von psychischen Störungen im Säuglings-, Kindes- und Jugendalter. Köln, 2007.

ihrem Kind entdecken."[96] Eine sogenannte Schrei-Sprechstunde kann Eltern helfen, die Situation und vor allem den Hintergrund des Schreiens ihres Babys besser zu verstehen. In einer Schrei-Sprechstunde sollte geklärt werden, wann das Schreien am häufigsten passiert (Situation, Gegebenheiten) und natürlich auch, wann das Baby nicht schreit. Durch vorärztliche Untersuchungen kann im Voraus geklärt werden, ob nicht doch Krankheiten die Ursache sein können. In gefilmten Situationen kann beobachtet und hinterher analysiert werden: Wie ist die Interaktion zwischen Eltern und Kind? Wer macht was? Wie ist die körperliche Behandlung, gibt es Nähe zwischen Eltern und dem Kind? Ganz wichtig hierbei ist, wie wird das Kind in Elterngesprächen dargestellt, gibt es auch negative Aussagen/Gefühle und wie hoch ist der Grad der inneren Distanz? Besonders die negativen Aussagen und Gefühle über das Baby sollten debattiert werden, wenn dies nicht der Fall ist, besteht die Gefahr, dass irgendwann alles „aus einem rausplatzt" und es dann meist schon zu spät sein kann und im schlimmsten Fall zu kindlicher Misshandlung führen kann. Diese filmischen Verhaltensbeobachtungen in unterschiedlichen Kontexten wie Füttersituation, Beruhigungssituation, aber auch Trennungssituation ergänzen die Diagnostik. Zudem kann es sich anbieten, zur weiteren Hilfeleistung und Überprüfung ein so genanntes „Schreitagebuch" zu führen, in dem Schrei-, Schlaf- und normale Wachphasen, sowie weitere nennenswerte Aspekte, wie und wann mit dem Baby geschmust wird und wann es schläft oder wach und interessiert ist, notiert werden sollten. Eventuell hilft die sogenannte emotionelle erste Hilfe, ein körperorientierter Ansatz in der Krisenintervention und Bindungsförderung, der vom Psychologen Thomas Harms entwickelt wurde und der darauf baut, dass eine Bindungsbereitschaft vorhanden sein muss. Dazu sei es wichtig eine Selbstanbindung zu entwickeln und ferner muss die Aufmerksamkeit vom Kind abgezogen und auf sich

---

[96] http://www.eb-regensburg.de/pdf-Dateien/Schreibaby-MZ-2011-04-08_Jahrespressegespr%E4ch_April2011.pdf

selbst gerichtet werden. Des Weiteren könnten durch den Einsatz der Bauchatmung eine Entspannungsreaktion und eine beginnende Synchronisation der Eltern und des Kindes einsetzen. Die Mutter gelangt aus dem Kreislauf von Stress, Angst und körperlicher Anspannung heraus und das Kind reagiert unmittelbar mit emotionaler Zuwendung und Entspannung[97].

Auch auf www.trostreich.de findet sich ein „Schreisprechstunden-Formular", welches bei solchen Überlegungen als Hilfe dienen kann.

Hilfe von außen

Hilfe von außen sollte man als Elternteil unbedingt in Anspruch nehmen, wenn man merkt, dass man am Ende seiner elterlichen Möglichkeiten und eigenen Kräfte ist, sowie wenn man das Gefühl hat, der Belastung nicht mehr standhalten zu können. Aus einem Teufelskreis ohne Hilfe von anderen herauszukommen gelingt den meisten nicht.

Beratungsstellen

Mittlerweile werden im Internet etliche Hilfe-Seiten von Eltern für Eltern wie „Trostreich – Interaktives Netzwerk Schreibabys"[98] sowie Internetseiten mit Adressen von Beratungsstellen und auch Literatur über das Thema „Schreibabys" angeboten.

Auch Therapien können helfen. Nicht die einzelne Person wie das Baby oder die Mutter sollten in einer Therapie betrachtet werden, sondern die Mutter-Kind-Interaktion, d.h. das ganze Spektrum an Kommunikation und Interaktion sollte in Augenschein genommen werden.

---

[97] Sinzinger, Alice: Das Schreibaby, DA. Neustadt, 2011.

[98] www.trostreich.de

Schrei-Ambulanzen

Probleme, die Eltern hilflos, ratlos und erschöpft zurücklassen aufgrund der Beeinträchtigung von sensiblen Abstimmungsprozessen zwischen Säuglingen und Eltern durch unterschiedliche Regulationsstörungen, wie sie bereits angeführt wurden, sind oft nur schwer zu lösen.[99] Eine Schrei-Ambulanz ist eine Form von Krisenintervention, in der Mütter Kraft tanken sollen und ihren Gefühlen freien Lauf lassen sollen. Schuldgefühle sollen genommen werden und Verständnis und Mitgefühl sollen gegeben werden. Genau wie in der Schrei-Sprechstunde soll geklärt werden, wieso das Kind mit seinem Schreien einen Notruf aussendet und welche Ursachen dahinter stecken könnten. In Berlin gibt es mittlerweile schon seit 10 Jahren die Berliner SchreiBabyAmbulanz. Die Beratung erfolgt in mehreren Sitzungen, wobei oftmals schon die ersten Sitzungen bei Eltern eine Erleichterung und Beruhigung hervorrufen. In die Sitzung sollte das Kind auf jeden Fall mitgebracht werden, verschiedene Ambulanzen bieten dann auch an, das Kind – wenn es schreit – für den Moment an sich zu nehmen und verschiedene Techniken auszuprobieren. Die Beruhigung der Eltern strahlt dann meist schnell auf die Kinder über. Gerd Poerschke von der Berliner SchreiBabyAmbulanz warnt davor, dass dem Kind nichts passieren dürfe, es sei wichtig, den Eltern Verständnis und Mitgefühl entgegen zu bringen.[100]

---

[99] http://schreiambulanz.org/index.php?option=com_content&task=blogcategory&id=1&Itemid=2

[100] http://www.morgenpost.de/familie/article1144398/Was_man_tun_kann_um_Schreibabys_zu_beruh igen.html

Fazit

Ich selbst war am Ende zutiefst beeindruckt, durch meine Recherchen zu sehen, zu welchen Leistungen Eltern in solchen Situationen fähig sind, wenn sie darauf vorbereitet sind bzw. sich über die Umstände informieren. So hoffe ich, falls ich ein Schreibaby bekomme oder dies in meinem persönlichen Umfeld der Fall sein sollte, dass ich genauso stark und mutig sein werde und die Situation mich nicht überfordert, sondern ich in der Lage bin, sie zur Zufriedenheit meines Kindes und meiner selbst zu lösen.

Wichtig ist es, hier noch einmal deutlich zu machen, dass das Baby mit dem Schreien nichts Böses will. Man sollte sich als Elternteil auf das Kind einstellen, denn Babys können sich noch nicht anpassen bzw. verändern! Babys können also nur Geduld erlernen, wenn zunächst ihre Eltern Geduld mit ihnen haben. Zudem sollte befürwortet werden, Eltern besonders im ersten Lebensjahr des Kindes staatlich finanziell zu unterstützen. Vielleicht würde es dadurch auch zu weniger Kindesmisshandlungen kommen.

Wünschenswert wäre es außerdem, in der Ausbildung der Erzieher und Pädagogen vermehrt auf die Problematik der Schreibabys einzugehen, um damit den Pädagogen mehr Möglichkeiten zu geben, verzweifelten Eltern gute und wirksame Ratschläge zu geben. Sicherlich soll diese Ausbildung nicht die organischen Ursachen in den Vordergrund stellen – deren Behandlung bleibt vernünftiger Weise den Kinderärzten überlassen –, aber Ideen für den „Kampf" gegen psychische und soziale Faktoren müssen Erziehern und Pädagogen an die Hand gegeben werden. Zugegeben werden muss natürlich: Bis heute gibt es leider kein Patentrezept, um Eltern mit ihrem Kind über die ersten schwierigen Phasen des gemeinsamen Lebens zu helfen.

Literaturverzeichnis

Quellen

Leitlinien der Deutschen Gesellschaft für Kinder- und Jugendpsychiatrie und Psychotherapie u.a. (Hrsg.): Leitlinien zur Diagnostik und Therapie von psychischen Störungen im Säuglings-, Kindes- und Jugendalter. Köln 2007.

Barth, Renate: Baby-Lese-Stunden: Hilfe für Eltern mit exzessiv schreienden Säuglingen.

In: Frühe Kindheit. Berlin 2001.

Bensel, Joachim Dr. rer. nat.: Was sagt mir mein Baby, wenn es schreit? – Wie Sie ihr Kind auch ohne Wort verstehen und beruhigen können. Ratingen 2003.

Fries, M.: Vom „Schreibaby" zum „Baby mit besonderen Bedürfnissen und Fähigkeiten". In: Hargens, J. und Eberling, W. (Hrsg.): Einfach kurz und gut. Teil 2. Dortmund 2001.

Haugschnabel, Gabriele und Bensel, Joachim: Grundlagen der Entwicklungspsychologie: Die ersten 10 Lebensjahre. Freiburg 2005.

Hofacker, Nikolaus von und Papousek, M. und Jacubeit, T und Malinowski, M.: Rätsel der Säuglingskoliken: Ergebnisse, Erfahrungen und therapeutische Interventionen. Aus: Münchner Sprechstunde für Schreibabies – Monatsschrift Kinderheilkunde Bd. 147. Berlin 1999.

Riedel-Henck, Jutta: Weinendes Baby – Ratlose Eltern: Wie Sie sich und ihrem Schrei-Baby helfen können. München 1998.

Solter, Aletha J. Ph. D.: Auch kleine Kinder haben großen Kummer: Über Tränen, Wut und andere starke Gefühle. München 2000.

Trapmann, Hilde und Rotthaus, Wilhelm: Auffälliges Verhalten im Kindesalter: Handbuch für Eltern und Erzieher – Band 1. Dortmund 2004.

Sekundärliteratur:

Bothe, Anja:

http://www.morgenpost.de/familie/article1144398/Was_man_tun_kann_um_Sch reibabys_zu_beruhigen.html

(letzter Zugriff am 14.12.2011)

Riedel-Henck, Jutta: www.trostreich.de

(letzter Zugriff am 23.12.2011)

Thöne, Miriam: http://home.foni.net/~hthoene/schreibabies.htm (letzter Zugriff am 28.11.2011)

http://schreiambulanz.org/index.php?option=com_content&task=blogcategory& id=1&Itemid=2 (letzter Zugriff am 12.11.2011)

http://www.schreiambulanz.de (letzter Zugriff am 12.11.2011)

http://www.dgkj.de/uploads/media/Ist_mein_Kind_ein_Schreibaby.pdf (letzter Zugriff am 18.11.2011)

http://www.navigator-medizin.de/eltern_kind/die-wichtigsten-fragen-und-antworten/die-ersten-wochen-und-monate/schrei-babys-a-dreimonatskoliken/schrei-babys/2440-was-ist-die-dreierregel-nach-wessel.html

(letzter Zugriff am 30.11.2011)

http://www.schreibabys.info

(letzter Zugriff am 05.12.2011)

http://kiss-therapie.de/schreikinder.php

(letzter Zugriff am 14.12.2011)

http://www.planger.de/tips19.htm

(letzter Zugriff am 15.12.2011)

http://www.eltern.de

(letzter Zugriff am 10.01.2012)

http://www.familie-und-tipps.de/Kinder/Baby/Schreibabys.html

(letzter Zugriff am 15.01.2012)

http://www.netmoms.de/magazin/baby/so-lernt-dein-baby-schlafen/wann-ist-ein-kind-ein-schreibaby

(letzter Zugriff am 18.01.2012)

Schreibabys – Mögliche Ursachen und Hintergründe bei Säuglingen sowie Eltern und Hilfemöglichkeiten von Nancy Ruppert
2011

Einleitung

Die vorliegende Arbeit beschäftigt sich mit dem Thema „Schreibabys", welche möglichen Ursachen und Hintergründe es für dieses Schreiverhalten bei Säuglingen sowie bei den Eltern gibt und welche Hilfemöglichkeiten erfolgreich sein können.

In der Sozialpädiatrie wird das Schreien im Säuglingsalter in vier verschiedene Klassifikationen unterteilt (vgl. Lucas 1999, S. 15):

- Das primär physiologische, also körperlich bedingte Schreien, welches durch Geburtsfolgen, Schmerzen, Hungergefühl, erschreckenden Lärm und Ähnliches verursacht wird.

- Das primär pathologische, also krankhaft bedingte Schreien. Dieses Schreien wird aufgrund einer schweren Erkrankung des zentralen Nervensystems oder durch Chromosomenanomalien, beispielsweise das 5p-Syndrom (Katzenschreisyndrom) beim Säugling ausgelöst.

- Das sekundäre (exzessive) Schreien, verursacht durch vorübergehende Erkrankungen. Dazu gehören zum Beispiel die Gastritis (Magenschleimhautentzündung), die Otitis media (Mittelohrentzündung) oder die Ösophagitis (Entzündung der Speiseröhre).

- Das primäre exzessive Schreien, welches auch als chronische Unruhe bezeichnet wird und dauerhaft schreiende Säuglinge im Alter von zwei Wochen bis drei Lebensmonate, maximal sechs Lebensmonate betrifft.

Die Arbeit geht auf exzessiv schreiende Säuglinge ein, welche keine erblichen Vorerkrankungen haben und somit als „gesund" gelten. Sie wird sich einleitend damit befassen, warum das Schreien für Säuglinge so wichtig ist und ab welcher zeitlichen Abfolge von einem exzessiv schreienden Säugling gesprochen werden kann.

Anschließend wird sie wichtige Hintergründe für diese chronische Unruhe untersuchen und kindliche sowie elterliche Ursachen differenzieren. Danach folgt ein Einblick auf mögliche Emotionen, die sich bei den Bindungspersonen aufgrund des dauerhaften Schreiens entwickeln können. Das letzte Kapitel beschäftigt sich mit Unterstützungsmethoden, welche die Eltern anwenden können, um den schreienden Säugling zu beruhigen.

Im wissenschaftlichen Kontext werden Regulationsstörungen (Symptombilder sind exzessives Schreien, Fütter- und Schlafstörungen) als ernstzunehmende Belastungen und Gefährdungen für die kindliche Entwicklung, seine psychische Gesundheit und das Kindeswohl im Allgemeinen beschrieben. Des Weiteren wird aufgezeigt, dass frühe Verhaltensregulationsprobleme sich auf Verhaltensauffälligkeiten des Säuglings niederschlagen und auch fast immer zu einer besonderen Belastung der Eltern bzw. Beeinträchtigung der Eltern-Kind-Interaktion führen. Das belastete Interaktionsmuster zeichnet sich beispielsweise in verkürzten Phasen positiver Interaktionen und in einer geringeren Feinfühligkeit der Eltern aus. Solche disharmonischen Interaktionen erhöhen das Risiko späterer Auffälligkeiten und tragen damit zu einer ungünstigen Prognose bei.

Adolf Portmann arbeitete unter dem Aspekt der psychischen Entwicklung von Kindern heraus, dass ein menschliches Neugeborenes eine „physiologische Frühgeburt" ist (Portmann, 1951). Bei der Gegenüberstellung eines menschlichen Neugeborenen mit anderen hoch entwickelten Säugern kam er zu dem Schluss, dass eine menschliche Schwangerschaft 20 Monate dauern müsste, damit ein Neugeborenes eine vergleichbare Hirnreife aufweisen könnte. Aufgrund des relativ unausgereiften Nervensystems kommt es in den ersten Lebensmonaten oft zu Anpassungsproblemen (vgl. Akademie für Fortbildung in Psychotherapie).

Epidemiologische Erhebungen verdeutlichen, dass die Prävalenz des primär exzessiven Schreiens je nach Stichprobe, Erhebungsinstrumenten und Zeitpunkt erheblich schwankt. Reijneveld et al. (2001) fanden bei einer Erhebung in einer niederländischen Population (unter Verwendung von zehn verschiedenen Operationalisierungen exzessiven Schreiens) eine Häufigkeit von 1,5 – 11,9 % heraus. Weitere Erhebung unter Anwendung der „Dreier-Regel" nach M. Wessel et al. (1954) arbeiteten Prävalenzzahlen zwischen 9,2 % (Dänemark; Alvarez, 2004) und 16,3 % (Deutschland; von Kries, Kalies, & Papousek, 2006) heraus (ebd.).

Das Schreiverhalten als frühes Kommunikationsmittel

Der junge Säugling besitzt mehrere Möglichkeiten, um mit seiner Bindungsperson und seiner Umwelt zu kommunizieren. Dazu gehören beispielsweise der Blickkontakt, die Körperhaltung und das Nörgeln oder Quengeln. Das wirkungsvollste aller Kommunikationsmittel, die ihm zur Verfügung stehen, ist der kindliche Schrei.

Nur durch ihn kann der Säugling auf sich aufmerksam machen und seine Bedürfnisse zum Ausdruck bringen. Damit sichert dieses effektive Alarmsignal seine Existenz.

Kommunikations- und Bindungsaufbau durch Schreien

Der neugeborene Säugling besitzt noch keine Fähigkeiten zur selbstständigen Befriedigung seiner grundlegendsten Bedürfnisse und benötigt zu dieser Prozessregulation die Hilfe seiner Bezugsperson. Somit ist das Schreien die effektivste Lösung, um unmittelbar Kontakt aufzunehmen und „die Bindung mit den wichtigsten Bezugspersonen (Mutter/Vater) aufrechtzuerhalten" (Lucas 1999, S. 20, 114). Mit seinem Schreien will er darauf aufmerksam machen, dass ihm etwas missfällt und er sein Problem nicht allein lösen kann. Gründe für dieses Verhalten können elementare Bedürfnisse und Prozesse wie Hunger- bzw. Durstgefühl und die Schlaf-wach-Regulation darstellen, aber auch zwischenmenschliche Bedürfnisse wie das Verlangen nach Schutz, Wärme und Geborgenheit. „In den ersten Lebenstagen haben Babys noch wenig Kontrolle über die Ausdrucksformen ihres Schreiens. Sie lernen erst im Laufe der Zeit differenzierte, für sie typische Laute zu bilden, sozusagen ihr Schreien zu perfektionieren." (Diederichs/Olbricht 2002, S. 59). Durch diese Perfektionierung entstehen unterschiedliche Schreinuancen für verschiedene Bedürfnisse.

Des Weiteren muss auch der Kommunikationspartner, in erster Linie die Bindungsperson, lernen, die hilfesuchenden Signale richtig zu differenzieren und angemessen darauf zu reagieren. Gerade in den ersten Lebenswochen des Säuglings entstehen hierbei des Öfteren Interpretationsprobleme, welche sich jedoch aufgrund einer sich entwickelnden Harmonisierung, einem verbesserten Erkennen der Schreinuancen oder einer besseren Verhaltensbeobachtung des Säuglings nach und nach reduzieren.

Die kommunikative Interaktion wird durch eine „intuitive kommunikative Didaktik" (vgl. Papoušek 1994, S 31f.) unterstützt. Das bedeutet, dass sich die Bindungsperson, weitestgehend unbewusst, an das Verhalten und die Kompetenzen des Säuglings spezifisch anpasst, somit kommt es zu einer adäquaten Verständigung auf gleicher Kommunikationsebene. Dieses intuitive elterliche Verhalten unterstützt die eingeschränkten Fähigkeiten der Säuglinge und lässt sie in diesem Lernprozess „entdecken, dass ihr Verhalten vorhersagbare Konsequenzen hat und sie »die Welt« beeinflussen können." (Barth 2008, S. 21).

Unterschiede zwischen „normalem" und exzessivem Schreiverhalten

Das Schreiverhalten von Säuglingen dient der Aufmerksamkeitsgewinnung, zur Bedürfnisbefriedigung und Unterstützung von Regulationsprozessen.

Nach Brazelton et al. (1962) schreien „normale" Säuglinge in den ersten zwei Lebenswochen durchschnittlich 1,75 Stunden am Tag, mit der sechsten Lebenswoche steigert sich dies täglich um ca. eine Stunde. Er verzeichnete allerdings einen kontinuierlichen Abfall bis zur zwölften Woche auf ca. eine Stunde am Tag und bezeichnete demzufolge die ersten drei Lebensmonate als die Zeit, in der der Säugling am meisten schreit. Möglicherweise gibt es in dieser Phase bestimmte Entwicklungsschübe, wie beispielsweise die Reifung des Zentralnervensystems oder die Erweiterung des Wahrnehmungssystems, die durchlaufen werden, welche die Ursache für diesen Verlauf darstellen. Im Tagesverlauf äußert sich das „normale" Schreien vermehrt in den späten Nachmittags- und frühen Abendstunden.

Da das Umfeld, vorrangig die Bindungspersonen des Säuglings, das Schreien individuell wahrnehmen und gegebenenfalls als störend ansehen, ist die Kategorisierung, ob das Schreiverhalten „normal" oder exzessiv ist, vorrangig subjektiv. „Ungefähr 10-20% der Eltern klagen, insbesondere in den ersten Lebensmonaten, über belastende Schreiprobleme ihres Kindes." (Barth 2008, S. 51).

Mit Hilfe der „Dreier-Regel" nach M. Wessel et al. (1954) kann objektiv eingeschätzt werden, ob ein Säugling exzessives Schreiverhalten aufweist. Laut dieser Regel ist ein Säugling ein Schreibaby, wenn er „an mindestens drei Tagen pro Woche mehr als drei Stunden pro Tag schreit und dieses Schreiverhalten mehr als drei Wochen lang anhält." (Lucas 1999, S. 26).

Die Anwendung dieser Regel in einer deutschen Erhebung im Jahr 2006 ergab eine Gesamtprävalenz für exzessives Schreien von 16% bis zum 3. Lebensmonat und ca. 6% zwischen dem 3. und 6. Lebensmonat (vgl. Kries et al. 2006).

Dieses exzessive Schreiverhalten stellt auf Dauer sowohl für den Säugling, als auch für seine Bindungspersonen eine enorme psychische und physische Belastung dar. Es bedeutet für beide Seiten einen dauerhaften Stresszustand, bis hin zur Gefährdung der Gesundheit.

Mögliche Ursachen und Hintergründe für exzessives Schreien

Die Frage nach der Ursache für das exzessive Schreien des Säuglings muss differenziert betrachtet werden. In erster Instanz sollte medizinisch untersucht werden, ob der Säugling somatische (körperliche) Störungen aufweist. Ist dies nicht der Fall, sollte in Betracht gezogen werden, dass er Defizite in seinen selbstregulativen Fähigkeiten hat. Eine weitere mögliche Ursache stellen Kommunikations- und Interpretationsprobleme während der Interaktion mit Bindungspersonen dar oder diese sind aufgrund einer enormen Belastung nicht in der Lage, sich adäquat auf die Bedürfnisse ihres Säuglings einzustellen. Papoušek und Papoušek ordnen diese Störfaktoren, unter Berücksichtigung ihrer dynamischen Systemtheorie in einen „diagnostischen Trias frühkindlicher Regulationsstörungen" ein (siehe Anhang, Abb. 1).

Körperliche Ursachen

Lange Zeit wurde angenommen, dass die Ursachen für exzessives Schreiverhalten bei Säuglingen somatische Beeinträchtigungen darstellen.

Als primär auslösender Faktor wurde eine gastrointestinale Störung vermutet. Das Verdauungssystem der Neugeborenen ist zwar noch nicht vollständig ausgereift, dennoch haben die meisten Säuglinge (die zum errechneten Termin geboren sind) keine Probleme bei der Verdauung. Es wird vermutet, dass es bei einigen Säuglingen während des Verdauungsprozesses zu einer vermehrten Ansammlung von Gasen im Magen-Darm-Trakt kommt, welche schmerzhafte Verkrampfungen der Magen-Darm-Muskulatur auslösen (vgl. Lucas 1999, S. 31f). Beobachtet werden diese kolikartigen Bauchschmerzen ab der zweiten Lebenswoche bis zum dritten Lebensmonat, weshalb dieses Phänomen oft als Drei-Monats-Koliken beschrieben wird. Eine weitere mögliche Ursache für das exzessive Schreiverhalten kann in der veränderten Muttermilchzusammensetzung begründet liegen. Mit Beginn der dritten Stillwoche wird das bis dahin homogene Gemisch aus Muttermilch und Kolosum zu einer lactosehaltigen Vormilch, mit einer durstlöschenden Wirkung, und einer fetthaltigen Hintermilch (setzt nach ca. zehn Minuten ein), mit einer sättigenden Wirkung, aufgespalten (vgl. Rankl 2009, S. 74). Gerade empfindliche Säuglinge reagieren auf diese Umstellung sensibel. Symptome, die sie aufzeigen, sind das plötzliche Schreien bis hin zum Schmerzschreien nach der Nahrungsaufnahme, ein harter oder aufgeblähter und druckempfindlicher Bauch, Blähungen, dauerhafte Unruhe und deutliche Muskelspannung.

Die Theorie der Koliken muss aber kritisch betrachtet werden, da bei einem Vergleich von Röntgenaufnahmen „normaler" und exzessiv schreiender Säuglinge bewiesen wurde, dass es keine auffälligen Unterschiede hinsichtlich der Gasmenge im Bauch während eines Schreianfalls gibt. Außerdem haben „Schreibabys" auch keine häufigeren Blähungen als „normale" Säuglinge (vgl. Rankl 2009, S. 13f).

Weitere somatische Störungen, die einen Säugling zum exzessiven Schreien veranlassen können, sind Unverträglichkeiten gegenüber verschiedenen Lebensmitteln. Dazu zählen in erster Linie die Laktoseintoleranz (Milchzuckerunverträglichkeit), die Milcheiweißallergie (Kuhmilchunverträglichkeit) oder andere Lebensmittelallergien (beispielsweise gegen Nüsse, Meerestiere, Getreide oder koffeinhaltige Nahrungsmittel). Diese Nahrungsmittel nimmt der gestillte Säugling durch die Ernährung der Mutter über die Muttermilch auf. Häufige Folgen sind allergische Reaktionen, wie zum Beispiel Übelkeit, Erbrechen und Durchfall, meist in Verbindung mit Juckreiz und Reaktionen der Schleimhäute in Mund- und Rachenraum.

Andere untersuchte Faktoren, die ebenfalls in Betracht gezogen werden müssen, sind Darminvagination (Einstülpungen von Darmabschnitten) oder ein Darmvolvulus (Darmverschluss). Diese führen zu einer andauernden Verstopfung und bewirken die Bauchschmerzen des Säuglings. Eine andere verdauungsbedingte

Ursache ist der Gastroösophageale Reflux (Rückfluss). Durch den Rückfluss von Mageninhalt in die Speiseröhre kommt es bei dem Säugling zu Sodbrennen, Entzündungen in der Speiseröhre und gegebenenfalls zum Erbrechen (vgl. Lucas 1999, S. 39f.).

Die Diagnose der kolikartigen Bauchschmerzen aufgrund von Verdauungsproblemen, einer Nahrungsmittelunverträglichkeit oder Ähnlichem muss allerdings mit Vorsicht gestellt werden. Heute ist bekannt, dass lediglich 10 % der Säuglinge mit exzessivem Schreiverhalten eine somatische Störung aufweisen (vgl. Miller/Barr 1991). Deshalb sollte das gesamte Umfeld des Säuglings betrachtet werden, um den Grund für das übermäßige Schreien herauszufinden.

Defizite in der Selbstregulation

Aufgrund ihrer mangelnden cerebralen Ausreifung sind Säuglinge noch nicht in der Lage äußere und innere Reize angemessen abzubauen. Sie besitzen jedoch angeborene selbstregulative Fähigkeiten, welche es ihnen ermöglichen, in einem begrenzten Umfang zu starke Reize abzuschirmen. Solche Schutzmechanismen dienen der Beruhigung und sind beispielsweise das Saugen an den Fingern, das Trockensaugen oder das Abwenden und Wegschauen von Kommunikationspartnern während einer Interaktion (vgl. Barth 2008, S. 72ff). Die wichtigsten Regulationsprozesse, mit denen die Säuglinge in den ersten drei bis vier Lebensmonaten zurechtkommen müssen, sind Regulation der Nahrungsaufnahme, die motorische Regulation bzw. die Koordination der Körperbewegungen und die Schlaf-Wach-Regulation.

Die grundlegendste Voraussetzung für einen adäquaten und flexiblen Umgang mit Reizen ist ein angemessener Schlaf-Wach-Rhythmus. Neugeborene haben noch keinen geregelten Tag-Nacht-Rhythmus und zeigen in den ersten Lebensmonaten wechselnde Schlaf- und Wachphasen. Nach Brazelton werden sechs Verhaltenszustände unterschieden, darunter zählen der ruhige und der aktive

Schlaf, der Halbschlaf, der aufmerksame Wachzustand, der quengelige Wachzustand und das Schreien (siehe Anhang Abb. 2). Um zu starke Reize während der Wachphase abbauen zu können, muss der Säugling ein ausgewogenes Schlafverhalten haben (vgl. Barth 2008, S. 25ff).

Exzessives Schreiverhalten wird oft aufgrund einer erschwerten Anpassung an äußere Reize der Umgebung und durch einen unausgewogenen Schlaf-Wach-Rhythmus ausgelöst. Bei diesen Säuglingen sind die Verhaltenszustände weniger deutlich ausgeprägt und können abrupt wechseln. Es fällt ihnen schwer, nach einer Wachphase zur Ruhe zu kommen und eine Tiefschlafphase zu erreichen. Sie bleiben oft in der Phase des Halbschlafes, wodurch sie Probleme haben, Reize auszublenden und schnell bei Geräuschen in ihrer Umgebung aufwachen oder durch eigene motorische Unruhen erschrecken. In der darauf folgenden Wachphase können die Säuglinge die äußeren und inneren Reize noch weniger ignorieren und sind noch schneller überreizt. Ein Spannungsabbau dieser andauernden Unzufriedenheit und Reizüberflutung kann dem Säugling nur mit einem erneuten exzessiven Schreianfall gelingen (vgl. Barth 2008, S. 52f).

Kommunikations- und Interpretationsprobleme zwischen Eltern und Säugling

Bereits der junge Säugling sendet Signale aus, um seinen Bezugspersonen seine Bedürfnisse und Wünsche mitzuteilen. Dafür stehen ihm mehrere nonverbale Kommunikationsmöglichkeiten zur Verfügung. Dazu zählen zum Beispiel das Zeigen von Aufmerksamkeit und Interesse während des Wachzustandes, Suchbewegungen mit dem Mund als Zeichen von Hunger, das Starren auf Objekte als Anzeichen von Interesse oder Müdigkeit, das Abwenden oder Wegschauen als Selbstregulationsprozess und das Quengeln, bis hin zum Weinen. Das Weinen ist das universellste Kommunikationsmittel, denn damit kann der Säugling sowohl sein Unbehagen wie Hunger, Müdigkeit oder Langeweile, als auch das Bedürfnis nach Körperkontakt ausdrücken. Werden seine Argumente von der

Bezugsperson nicht erhört, kann es vorkommen, dass der Säugling sein Weinen bis hin zum Schreien verstärkt (vgl. Rankl 2009, S. 27ff). Trotz der intuitiven elterlichen Kompetenzen kommt es aufgrund dieser weniger eindeutigen Signale bei der Ursachensuche zu Missverständnissen und Fehlinterpretationen auf beiden Seiten. Erschwerend kommt hinzu, dass aufgrund unserer technologisierten Hochkultur die nonverbale Kommunikation immer mehr in den Hintergrund rückt und somit stückweise verlernt wird (vgl. Rankl 2009, S. 32).

Bei exzessiv schreienden Säuglingen wechseln die Verhaltenszustände oft ohne ersichtlichen Grund und ohne genaue Vorankündigung. Das hat zur Folge, dass das natürliche Kommunikationsmuster zwischen den Bezugspersonen und dem Säugling erheblich gestört wird und die Bindungspersonen an ihren elterlichen Fähigkeiten zu zweifeln beginnen. Da sie ihren Säugling nicht erfolgreich beruhigen können, werden sie womöglich im Umgang mit ihm immer unsicherer und hilfloser. Einerseits kann dies zu einem Gefühl von Versagen und Ohnmacht führen, wodurch das Selbstvertrauen weiterhin sinkt, andererseits können aber auch Ärger und Wut aufkommen. Auf Seiten des Säuglings entstehen daraufhin Irritationen, da seine Signale nicht angenommen werden. Außerdem nimmt er die angespannte Situation wahr und fühlt möglicherweise noch mehr Unbehagen.

In dieser Situation beeinflussen falsche Interpretationen und spontane, unüberlegte Lösungsversuche den weiteren Verlauf im Umgang mit dem Säugling. So verschafft zum Beispiel das pausenlose Herumtragen nicht die dringend benötigte Ruhe und überreizt ihn noch mehr (vgl. Lucas 1999, S. 58). Es entsteht ein sogenannter Teufelskreis aus Reaktionen, die sich gegenseitig beeinflussen und das exzessive Schreien weiter aufrechterhalten und zu einem weiteren Anstieg des Spannungszustandes führen können.

Selma Fraiberg et al. (2003) beschäftigte sich mit der subjektiven Interpretation kindlicher Signale durch die Bezugsperson. Sie stellte fest, dass es gelegentlich zu Fehlinterpretationen kommt, bei denen die Bindungspersonen ihr eigenes Verhalten oder das einer anderen wichtigen Person auf den Säugling übertragen. Zum Problem wird dies, wenn überwiegend negative Eigenschaften und Absichten interpretiert werden. Sie beschrieb zwei Arten von „Gespenstern im Kinderzimmer":

1. Im ersten Fall repräsentiert der Säugling einen Aspekt aus den unbewussten Erlebnissen einer Bezugsperson.

Beispiel →„Herr W. nimmt seinen Sohn sofort auf den Arm, wenn dieser nur den leisesten Unmut von sich gibt. »Ich bin früher nie hochgenommen worden, wenn ich geweint habe, und nehme meinen Eltern das heute noch übel.«" (Barth 2008, S. 59).

2. Im zweiten Fall übernimmt der Säugling die Rolle eines Menschen aus der Vergangenheit einer Bezugsperson.

Beispiel → „»Meine Tochter ist wie mein Vater««, sagt Herr U. »Sie kommandiert uns den ganzen Tag rum, und wenn wir nicht sofort springen, brüllt sie los." (Barth 2008, S. 59).

Im schlimmsten Fall können andauernde Interpretations- und Kommunikationsprobleme zu einer vollständigen Stagnation der Interaktion zwischen Bindungsperson und Säugling führen.

Auswirkungen aufgrund elterlicher Belastung

Psychische und physische Belastungen der Schwangeren während und nach der Schwangerschaft können ebenfalls die Ursache für das exzessive Schreien von Säuglingen darstellen.

Während der Schwangerschaft sind Mutter und Fötus über die Nabelschnur miteinander verbunden. Darüber nimmt das Ungeborene nicht nur Nahrung und Sauerstoff auf, sondern nimmt auch hormonelle (bzw. emotionale)

Veränderungen wahr. „Ein Schock, der der werdenden Mutter widerfährt, durchfährt auch das Baby." (Dietrichs, Olbricht 2002, S. 64). Solche Belastungen können seelisch und körperlich bedingt sein. Die englische Soziologin Kitzinger fand heraus, dass es eine um rund 60 Prozent gesteigerte Wahrscheinlichkeit gibt, einen exzessiv schreienden Säugling zu bekommen, wenn eine schwierige Schwangerschaft vorliegt.

Beispiele für Auslöser einer seelischen und körperlichen Belastung während der Schwangerschaft können sein:

- Eine überhöhte Erwartungshaltung und zu hohe Ansprüche an sich selbst.

- Die Angst, der Fötus könnte körperlich oder geistig nicht gesund sein.

- Veränderungen im sozialen Netzwerk der Schwangeren, die Belastung bis hin zum Zerbrechen von wichtigen freundschaftlichen Verbindungen, sowie neue und unvorhergesehene Entwicklungen in der Partnerschaft (Ehe, Trennung) oder Mobbing im Berufsleben.

- Eine negative Einstellung der Schwangeren zum „Mutterwerden" und die ständige Unsicherheit, der Situation nicht gewachsen zu sein.

- Die Entscheidung über eine Abtreibung bei einer ungewollten Schwangerschaft und das Bewältigen späterer Schuldgefühle, wenn diese nicht vorgenommen wurde.

- Dauerhafter Stress, welcher den Adrenalinspiegel ansteigen lässt, den Herzschlag beschleunigt und den Blutdruck erhöht und Hitzewallungen, Kopfschmerzen, Magen-Darm-Probleme und Schlafstörungen verursachen kann.

- Komplikationen während der Schwangerschaft, wie Zwischenblutungen oder Infektionen.

- Hormonelle Veränderungen, die zu übermäßigen Stimmungsschwankungen führen.

Ein schwieriges oder sogar traumatisches Geburtserlebnis für die Mutter (und den Säugling) kann ein weiterer Grund für exzessives Schreiverhalten des Säuglings sein. Bei einer Geburt, bei der die Vorstellungen und Wünsche der Mutter nicht berücksichtigt werden, kann bei ihr ein Gefühl von Enttäuschung, Schuld oder sogar Versagen aufkommen lassen (vgl. Diederichs, Olbricht 2002, S. 79ff). Da diese Empfindungen erst verarbeitet werden müssen und oft mit einem Sinken des Selbstbewusstseins einhergehen, kann dies möglicherweise zu einem erschwerten Bindungsaufbau zwischen Mutter und Säugling in den ersten Tagen bis Wochen führen.

Solche Belastungen, in Verbindung mit beispielsweise den hormonellen Schwankungen nach der Geburt, Schmerzen durch Geburtsverletzungen (Kaiserschnitt, Dammnaht) oder Zukunftsängste können Gründe für die Entwicklung einer postpartalen Depression sein. „Nach der Geburt eines Kindes leiden 10% bis 15% aller Mütter unter klinisch relevanten Depressionen (Murray & Carothers, 1990; Kumar & Robson, 1984; O'Hara et al., 1984)" (Domogalla, Caroline 2008, S. 26). Da die Mutter, als wichtigste Bezugsperson, nicht im benötigten Ausmaß verfügbar ist und der Säugling die depressive Stimmung spürt, wird er durch dauerhaftes Schreien auf sich, seine Bedürfnisse und sein Unbehagen aufmerksam machen.

Nach der Geburt können sowohl Selbstzweifel an den elterlichen Kompetenzen, ein zu hoher Erwartungsdruck an das perfekte Familienglück als auch unbewusste und festgefahrene Vorstellungen und Wünsche über das Geschlecht oder bestimmte Charaktereigenschaften des Säuglings die Bindungspersonen belasten. Des Öfteren führen solche Erwartungen zu einem erschwerten Bindungsaufbau zwischen Bindungspersonen und Säugling.

Eventuelle Emotionen und Reaktionen der Eltern auf das Schreien

Der Schrei eines Säuglings hat bei einer Distanz von 25 cm eine Lautstärke von 80 bis 85 Dezibel und kann bis zu 117 Dezibel erreichen, was ungefähr dem Lärm eines Rasenmähers (85 db), beziehungsweise einer Motorsäge (110 db) entspricht. Er ist ein Alarmsignal, welches für größere Entfernungen gedacht ist. Das bedeutet, dass der Säugling auch noch zu hören ist, wenn seine Bezugsperson nicht in unmittelbarer Nähe verweilt. Hört die Bindungsperson diesen Schrei, wird ihr Körper unverzüglich in Alarmbereitschaft versetzt, ihr Adrenalinspiegel steigt sekundenschnell an, der Blutdruck und die Herzfrequenz erhöhen sich ebenfalls (vgl. Lucas 1999, S. 9). Bei Bindungspersonen, deren Säugling ein exzessives Schreiverhalten zeigt, können dieser dauerhafte Lärmpegel und die ständige Alarmbereitschaft zu enormen psychischen Belastungen führen.

Emotionale Belastung und mögliche Reaktionen

Die Emotionen, die der permanent schreiende Säugling auslöst, sind vielfältig. Die Gefühle variieren zwischen Liebe und Verständnis, Scham, Schuld und Versagen, da die Ursache nicht herausgefunden wird und der Säugling nicht beruhigt werden kann, bis hin zu Wut und Ärger.

Bei vielen Paaren sind Enttäuschungen, wenn das Verhalten und das Temperament des Säuglings nicht mit dem in der Schwangerschaft entstandenem Wunschbild übereinstimmt und das Glück eines harmonischen Familienlebens sich nicht einstellt, vorprogrammiert (vgl. Rankl 2009, S. 171f.)

Es kommen Sorgen um den Gesundheitszustand und das Wohlbefinden auf, da die Angst entsteht, das permanente Schreien könnte dauerhafte Schäden verursachen. Möglicherweise entwickeln die Bezugspersonen das Gefühl, von Ärzten und Medizinern im Stich gelassen zu werden, da keine somatischen Störungen diagnostiziert werden beziehungsweise diagnostiziert werden können.

Hilflosigkeit breitet sich aus, wenn gut gemeinte Ratschläge aus dem Familien- und Freundeskreis nicht helfen und möglicher Vorwurf aufkommt, etwas falsch gemacht zu haben (vgl. Rankl 2009, S. 8). Diese Faktoren können tiefgreifende Verunsicherung in den elterlichen Fähigkeiten auslösen und lassen die Bezugspersonen Machtlosigkeit, Versagen bis hin zur Hilflosigkeit und dem Gedanken, an der Situation nie etwas ändern zu können, spüren.

Dauerhaftem Schreien ausgesetzt zu sein, kann körperliche und seelische Folgen haben und zu Erschöpfungs- und Stresssymptomen führen. Der menschliche Organismus ist durch das permanente Schreien ständig in Alarmbereitschaft. Sobald der Säugling schreit, kommt es im Körper zu einem Adrenalinanstieg in Verbindung mit erhöhter Herzfrequenz, erhöhtem Puls und Blutdruck. Ist der Säugling nicht zu beruhigen, steigt der Adrenalinspiegel weiter an und es kommt zu einer Stressspirale, aus welcher der Körper nicht mehr herauskommt und die zur Schädigung des gesamten Organismus führen kann (vgl. Diederichs, Olbricht 2002, S. 14). Schlafmangel und Schlafrhythmusstörungen steigern diese Stresserscheinungen noch weiter und es kommt zu Symptomen wie Kurzatmigkeit, Übelkeit, Zittern, Muskelschmerzen, Schweißausbrüche, Magen- Darmbeschwerden, aber auch ständiger Gereiztheit, Weinanfällen und Vergesslichkeit. „Das Leben wird zum reinen Überleben" (Diederichs, Olbricht 2002, S. 13). Dies erschwert es den Bezugspersonen erst recht, auf die Bedürfnisse des Säuglings einzugehen, welcher sensibel auf den Stress und die Anspannung reagiert und mit weiterem Unbehagen und Schreien reagiert.

In dieser scheinbar ausweglosen Situation schlägt oft die Liebe und die Hilflosigkeit der Bezugspersonen in negative Gefühle, wie Wut, um. Diese Wut richtet sich auf den Säugling, da dieser keine Ruhe gibt, aber auch auf die eigene Person und den Partner, da der Säugling nicht erfolgreich beruhigt werden kann.

Das starke emotionale Gemisch aus Wut, Überforderung und Verzweiflung verursacht bei vielen Bindungspersonen erschreckende Gewaltphantasien gegenüber dem schreienden Säugling. Solange diese Gedanken Phantasien bleiben, stellen diese keine Gefahr dar und sind damit zu erklären: „Je näher uns jemand steht, umso intensiver sind auch die Gefühle, die wir für diese Person empfinden – sowohl negative als auch positive." (Lucas 1999, S. 72).

Die betroffenen Bindungspersonen haben in dieser Situation die Möglichkeit, entweder mit einer Person ihres Vertrauens über diese Gefühle und Gedanken zu sprechen (siehe Kapitel Pause vom eigenen Baby) oder sie zu unterdrücken, was unmittelbar mit einer emotionalen Distanzierung verbunden ist und die Beziehung gefährden kann. Außerdem steigert diese Vorgehensweise die Gefahr, wirklich gewalttätig gegenüber dem Säugling zu werden und ihm schlimmstenfalls durch Schütteln ein Schütteltrauma zuzufügen, welches zum Tod führen kann.

Weiterhin können diese vielen verschiedenen Emotionen durch das Auftreten von unerklärlichen und quälenden Sorgen kompensiert werden. Es werden zwanghafte Ängste entwickelt, dass dem Säugling beispielsweise etwas zustoßen könnte und er sich verletzt oder (in sehr extremen Fällen) plötzlich stirbt. Besonders stark sind diese zwanghaften Unfallängste bei Müttern mit postpartalen Depressionen zu finden. Die Ursache für diese Ängste sind andere verdrängte Gefühle, wie zum Beispiel Enttäuschung und Hilflosigkeit, der unerfüllte Wunsch nach Unterstützung oder die Angst, den eigenen Säugling nicht genug zu lieben (vgl. Rankl 2009, S. 176f).

Veränderungen in der Partnerschaft

Ein Neugeborenes bedeutet für jede partnerschaftliche Verbindung erhebliche Veränderungen, da sie eine neue und meist noch unbekannte Rolle (Mutter- bzw. Vaterrolle) einnehmen.

Wenn der Säugling ein exzessives Schreiverhalten zeigt, kann das für eine Partnerschaft eine enorme Belastung darstellen. Da der Säugling die überwiegende oder meiste Zeit in Anspruch nimmt, werden Momente für intensive Gespräche, Zärtlichkeiten und gemeinsame Unternehmungen immer seltener (vgl. Lucas 1999, S. 76f). Eigene Interessen und Bedürfnisse werden aus Rücksicht auf den schreienden Säugling weiter in den Hintergrund gestellt. Mütter, die ihre berufliche Aktivität aufgegeben haben und auf Freizeitaktivitäten verzichten, um dauerhaft für den fordernden Säugling zur Verfügung zu stehen, haben oft Schwierigkeiten einen Ausgleich zu finden. Sie sind meist erschöpft und fühlen sich mit der Situation und ihren Emotionen allein gelassen und überfordert. Nicht selten entwickelt die Mutter ein Gefühl von Eifersucht gegenüber dem Vater, da dieser aufgrund seiner Berufstätigkeit ständig Kontakt zu anderen Menschen hat und sie durch das Neugeborene scheinbar sozial isoliert wird.

Da der Vater die Emotionen des Tages meist nicht in vollem Ausmaß mitbekommt, kann er möglicherweise die Probleme und Gefühle der Partnerin nicht nachvollziehen. Außerdem entwickelt dieser bezüglich der intensiven Beziehung zwischen Mutter und Säugling womöglich eine Art von Missgunst.

Wenn die gegenseitigen Erwartungen von Hilfe, Unterstützung, Geborgenheit und Teilhabe ausbleiben, fühlen sich beide Partner frustriert und der Druck, ein funktionierendes Familiensystem aufzubauen, wird weiter verstärkt (vgl. Diederichs/Olbricht 2002, S. 25).

Hinzu kommt, dass das Schlafdefizit beide Partner nervös und gereizt macht, wodurch es auch bei harmlosen Meinungsverschiedenheiten zu ernsten Paarkonflikten kommen kann. Der Partner dient oft als Ventil, um angestaute Aggressionen abzubauen (vgl. Rankl 2009, S. 175).

Diese Form der Paarkonflikte ist das Resultat angespannter Situationen und stellt eher selten schwerwiegende Paarprobleme dar. Dennoch ist es möglich, dass sich daraus eine Partnerschaftskrise entwickelt, die zu einer dauerhaften Trennung führen kann.

Selbsthilfe und Hilfeangebote

Mit der gesellschaftlichen Entwicklung in den letzten Jahrzehnten und dem Wandel von der Großfamilie zur Kleinfamilie entstehen bei Erstgebärenden und jungen Eltern immer häufiger Probleme über den „richtigen" Umgang mit Säuglingen. Wurden in Großfamilien noch die erfahrenen Großeltern und ältere Kinder in die Erziehung mit eingebunden, sind die meisten Eltern heute auf sich allein gestellt und suchen oft verzweifelt nach der perfekten Lösung.

„Richtiges" Reagieren auf kindliche Bedürfnisse und ein geregelter Tagesablauf

Säuglinge haben vor der Vollendung des 3. Lebensmonates, je nach Tageszeit, unterschiedliche Schreiphasen. Von den Vormittags- bis in die frühen Nachmittagsstunden zeigen sie meist ein ruhiges Schlafverhalten. Es kommt jedoch in den späten Nachmittags- sowie Abendstunden zu vermehrten Schreiphasen. In dieser Zeit reagieren sie womöglich die Reizüberflutung des Tages ab (vgl. Rankl 2009, S. 91f).

Ein „richtiges" Reagieren ist notwendig, so dass ihm geholfen wird, sich auszubalancieren und ein exzessives Schreien verhindert werden kann. Um Äußerungen von Unwohlsein frühzeitig wahrzunehmen und somit unangemessene Beruhigungsmaßnahmen zu vermeiden, sollte der Säugling in seinem Verhalten beobachtet werden. Dies lässt den Bezugspersonen genügend Zeit, um dem Säugling zu signalisieren, dass seine Äußerungen bemerkt wurden, und um diese zu interpretieren, die Ursache herauszufinden und in spezifischer Weise darauf zu reagieren (vgl. Barth 2008, S. 62f).

Für ein richtiges Interpretieren ist es notwendig, die 6 Verhaltenszustände (nach Brazelton 1995) des Säuglings unterscheiden zu können. Zu diesen Zuständen zählen der ruhige Schlaf (Tiefschlaf), der aktive Schlaf (Traumschlaf bzw. REM-Schlaf), der Halbschlaf, der aufmerksame Wachzustand, in welchem der

Säugling interaktionsbereit ist, der quengelige Wachzustand, der den Übergang zum Schreien signalisiert und das Schreien als Ausdruck von Unzufriedenheit.

Jeder Säugling besitzt ein Repertoire mit unterschiedlichem Schreiverhalten. In Verbindung mit der Beobachtung der Mimik und der Körperbewegung können geübte Bezugspersonen rasch erkennen, was der Säugling signalisiert und welche Bedürfnisse er hat.

Ist dem Säugling beispielsweise langweilig, äußert sich dies durch undeutliches Murmeln und Jammern, welches laut genug ist, dass die Bindungspersonen es hören, aber nicht in Aufruhr geraten. Sobald er Aufmerksamkeit bekommt, ist er beruhigt.

Hat der Säugling Hunger, setzt das Schreien allmählich ein. Er weint zuerst unregelmäßig und ist etwas quengelig, seine Schreilaute sind kurz, aber nicht schrill. Zwischen den Schreiphasen lässt er kurze Pausen, als ob er der Bezugsperson Zeit geben will, die Nahrung vorzubereiten. Werden seine Signale nicht erhört, wird sein Schreien lauter und tiefer bzw. rauer in der Tonlage. Er wird wütend, strampelt mit den Beinen, fuchtelt mit den Armen und verdeutlicht sein Bedürfnis durch das Saugen an seinen Fingern.

Wenn der Säugling müde ist, wird er quengelig und sein Weinen klingt klagend. Kommt er nicht zur Ruhe, steigert sich sein Jammern rasch zu einem anhaltenden Gebrüll, welches deutliche Tonschwankungen aufzeigt. (vgl. Lucas 1999, S. 83ff)

Das prompte Reagieren auf die Bedürfnisse des Säuglings ist grundsätzlich wichtig, da er noch nicht die Fähigkeit besitzt, sich selbst zu beruhigen. Außerdem verhindert dies, dass sich ein exzessiver Schreianfall entwickelt. Viele Bindungspersonen haben Angst, durch dieses schnelle Reagieren den Säugling zu sehr verwöhnen. Doch in den ersten drei Lebensmonaten stellt das prompte Reagieren eine notwendige Hilfeleistung dar. Erst wenn die Entwicklung des

Säuglings durch diese Hilfestellungen behindert wird, kann man diese als Verwöhnung ansehen (vgl. Rankl 2009, S. 67f).

Nicht immer ist ein promptes Reagieren notwendig. In manchen Situationen ist der Beruhigungsversuch genau die verkehrte Lösung. Mit dem abendlichen Schreien beim Zubettgehen verarbeitet der Säugling meist die Reizüberflutung des Tages, wird er dabei gestört, indem er wieder aus seinem Bett genommen wird, kann dies zu einem heftigen Schreianfall führen. Auch das Aufschreien während des Schlafes (meist während des Wechsels vom ruhigen in den aktiven Schlaf) ist eine solche Situation. Wird der Säugling dann von einer Bindungsperson tröstend aufgenommen, schreckt er aus seinem Schlaf auf, fühlt sich gestört und beginnt wahrscheinlich exzessiv zu schreien (vgl. Lucas 1999, 142f).

Ebenso wichtig wie ein angemessenes Reagieren ist das Etablieren eines geregelten Tagesablaufs. Viele Experten empfehlen vorweg ein Tagebuch zu führen, in dem Schlaf- und Wachphasen, Stillzeiten und vermehrte Schreiphasen zu berücksichtigen sind. Damit kann auch herausgefunden werden, ob der Säugling wirklich exzessiv schreit und mit welchen Faktoren dies zusammenhängen könnte. Das Gewöhnen an geregelte Mahlzeiten, Schlaf- und Wachphasen und das Einführen von festen sich wiederholenden Ritualen ermöglicht dem Säugling, sich am Tagesablauf zu orientieren. Beispielsweise sollte, je nach Möglichkeit und Situation, das Schlafritual immer der gleichen Ordnung folgen. Dabei ist unter anderem auf die Schlafenszeiten, die Schlafumgebung (z. B. der Raum, das Bett oder der Stubenwagen), die Schlafposition und mögliche Einschlafhilfen wie Musik, Schnuller oder Kuscheltiere zu achten (vgl. Barth 2008, S. 87f).

Eine weitere wichtige Rolle für das Gelingen des geregelten Tagesablaufes spielt die Reizreduzierung. Vor allem exzessiv schreiende Säuglinge benötigen in den ersten drei Lebensmonaten eine reizarme Umgebung. Dazu zählen übermäßige Reize zu Hause und außerhalb. Für den Säugling unangenehme Dinge (beispielsweise das Baden, Nägel schneiden) sollten in günstige Tageszeiten verlegt werden, in denen er „stabil genug ist, um zusätzliche ››Belastungen‹‹ gut ausbalancieren zu können." (Rankl 2009, S. 93). Dies gilt auch für Besuche bei Verwandten und Freunden, sowie Besorgungen. Einkäufe sollten bewusst in die Vormittagszeit gelegt werden, da der Säugling in dieser Zeit noch ausgeruht ist und seine Reizschwelle noch nicht erreicht wurde.

Beruhigungsmethoden

Das Wichtigste für einen Säugling in den ersten drei Lebensmonaten stellt ein enger Körperkontakt zur Bezugsperson dar. Die Körpernähe ist nicht nur für die neuronale Entwicklung notwendig, sie vermittelt dem Säugling auch das Gefühl von Liebe, Geborgenheit und Unterstützung. Aufgrund dessen stellt sie eine der grundlegendsten Beruhigungsmethoden dar. Gerade während einer Schreiattacke benötigt der Säugling diesen festen, körperlichen und emotionalen Halt, um sich wieder beruhigen zu können (vgl. Diederichts/Olbricht 2002, S. 116). Rhythmische Schaukelbewegungen erinnern den Säugling an die Bewegungen im Mutterleib und können ihn somit ebenfalls beruhigen. Diese können durch Beruhigungshilfen wie Kinderwiege, Babyhängematte und Babyschaukel, aber auch in Verbindung mit Körperkontakt durch Tragetücher simuliert werden. Tragetücher (siehe Anhang Abb. 3) bieten dem Säugling nicht nur sanfte Schaukelbewegungen, sie schaffen auch die benötigte Körpernähe zur Bindungsperson. Unterstützend zum Körperkontakt und dem Schaukeln wirken beruhigende Geräusche, vor allem Zischlaute (Sch-Laute). Die Ursache hierfür ist womöglich, dass sie den Geräuschen in der Gebärmutter (beispielsweise dem mütterlichen Herzschlag, aber auch Stimmen oder Musik von außen) ähneln.

Eine Beruhigungsmethode, die in den letzten Jahren wieder vermehrt empfohlen wird, ist das feste Einwickeln des Säuglings in eine Decke, auch bekannt als Pucken (siehe Anhang Abb. 4). Neugeborene und junge Säuglinge neigen bei lauten Geräuschen, unerwarteten Bewegungen und aufgrund ihrer körperlichen Unreife zu Spontanbewegungen der Arme und Beine (Moro-Reflex). Diese Bewegungen können den Säugling so stark irritieren, dass er exzessiv zu schreien beginnt. Das Pucken verhindert unwillkürliche Körperbewegungen, es gibt dem Säugling durch die Begrenzung ein Körpergefühl und vermittelt ihm das gleiche Gefühl, wie vor der Geburt in der Gebärmutter (vgl. Rankl 2009, S. 44ff).

Bei allen Beruhigungsmaßnahmen muss die Bezugsperson stets darauf achten, wie der Säugling reagiert. Sollten ihn die Maßnahmen irritieren, führt dies mit hoher Wahrscheinlichkeit nicht zur erwünschten Beruhigung. Weiterhin ist entscheidend, dass die Person, die den Säugling beruhigt, selbst emotional ausgeglichen ist, da sich die innere Unruhe und Anspannung der Bezugsperson auf ihn überträgt und zu einem weiteren Schreianfall führen kann.

Der junge Säugling besitzt einige Selbstregulationsmaßnahmen, mit denen er sich beruhigen kann. In erster Linie ist hier das Saugen bzw. das Nuckeln zu nennen, mit welchem er sich beruhigt. Gerade Säuglinge mit exzessivem Schreiverhalten aufgrund von Koliken sind auf das beruhigende Nuckeln angewiesen. Das Problem stellt hierbei das Nuckeln an der mütterlichen Brust dar, da dabei die Nahrungsaufnahme unvermeidbar ist, welche bei dem Säugling erneut Bauchkrämpfe auslöst. Demzufolge ist das Einsetzen eines Schnullers eine gute Alternative. Säuglingen, die älter als drei Monate sind und bereits vermehrt Kontakt zu Gegenständen und Spielzeugen aufnehmen, kann zur Selbstregulation ein Kuscheltier angeboten werden. Dies eignet sich besonders, wenn der Säugling bereits zu quengeln begonnen hat, aber die Bezugsperson keine Zeit hat, um angemessen zu reagieren.

Pause vom eigenen Baby

Wenn Bindungspersonen dauerhaft und ohne Ausgleichsmöglichkeiten mit exzessiv schreienden Säuglingen in Kontakt stehen, sind negative Gefühle unvermeidlich (wie bereits im Kapitel „Emotionale Belastung und mögliche Reaktionen" dargestellt). In einer solchen Situation ist es wichtig, dass die Bezugsperson nicht die Beherrschung verliert und den Säugling anschreit, schlägt oder schüttelt. Denn gerade das starke Schütteln kann für den Säugling tödlich enden.

Wenn bei einer Bindungsperson Gewaltphantasien aufkommen, sollte sie diese Gedanken nicht einfach unterdrücken, da die Gefahr steigt, gegenüber dem Säugling gewalttätig zu werden, sondern sie sich eingestehen. Idealerweise sollte sie den Raum verlassen und sich eine Möglichkeit suchen, um diese aggressiven Impulse unter Kontrolle zu bekommen und sich zu beruhigen, beispielsweise durch entspannende Übungen, Musik oder das Abreagieren der Wut an Gegenständen. Dies bedeutet zwar, dass der Säugling allein weiterschreit, letzten Endes ist dies aber eine Schutzmaßnahme.

Eine weitere Notwendigkeit für den Umgang mit diesen Gefühlen stellt das Suchen einer Vertrauensperson dar. Der Gesprächspartner ist dafür zuständig, den entstandenen Konflikt zu entschärfen und Verständnis für die Emotionen und Phantasien des Erziehungsberechtigten zu zeigen. Die idealen Partner könnten gegebenenfalls der eigene Partner, Verwandte, Freunde, (welche aber oft von den beschriebenen Emotionen abgeschreckt sind und somit nur eine geringe Hilfe sein können) oder professionelle Helfer wie Ärzte, Hebammen oder Therapeuten sein. Laut dem Kinder- und Jugendhilfegesetzes (KJHG – Sozialgesetzbuch 8, Kapitel 2, Abschnitt 4 §§ 27 – 41) hat jeder Personensorgeberechtigte „bei der Erziehung eines Kindes […] Anspruch auf Hilfe (Hilfe zur Erziehung), wenn eine dem Wohl des Kindes […] entsprechende Erziehung nicht gewährleistet ist und die Hilfe für seine Entwicklung geeignet und notwendig ist." (KJSG, § 27 (1)). Dazu gehören unter anderem die Hilfe zur Erziehung (§27), die Erziehungsberatung (§28), der Erziehungsbeistand (§30) und die sozialpädagogische Familienhilfe (§31). Demzufolge gibt es einen gesetzlichen Anspruch auf Hilfe durch Dritte, falls aus dem eigenen sozialen Umfeld keine Unterstützung zu erwarten ist.

Die Bindungsperson sollte für einen Ausgleich zum ständigen „Durch-den-Säugling-angeschrien-Werden" sorgen. Sie sollte sich die dringend benötigten Pausen gönnen, um auf ihre eigenen Bedürfnisse einzugehen, sich gemeinsam mit dem Lebenspartner erholen, sich wieder vermehrt in ihr soziales Umfeld integrieren oder beispielsweise mit Atemübungen, Meditation oder Massagen entspannen. Es ist besonders wichtig, dass sie Prioritäten setzt.

Schreiambulanzen

Schlagen jegliche Versuche, den Säugling zu beruhigen, fehl, gibt es die Möglichkeit, professionelle Hilfe, beispielsweise Therapien oder Kriseninterventions-Einrichtungen wie die Schreiambulanz, aufzusuchen.

Schreiambulanzen (auch bezeichnet als z.B. Babysprechstunde oder Elternberatung ›Vom Säugling zum Kleinkind‹) sind spezielle Beratungsstellen, welche auf die Behandlung von Regulations- und Beziehungsstörungen im Säuglings- und Kleinkindalter ausgerichtet sind. Zu diesen Regulationsstörungen zählen

- frühes exzessives Schreien

- chronische Unruhe

- Schlaf-, Fütter- und Gedeihstörungen

- chronische Unruhe und Spielunlust

- soziale Ängstlichkeit

- exzessives Klammern und Trotzen

- Trennungsängste

- oppositionell-aggressives Verhalten

Je nach Spezialisierung stellen sie unterschiedliche Angebote bereit, dazu zählen unter anderem Krisenintervention, Entwicklungsberatung, Kommunikations- und Beziehungstherapie, Eltern- Säuglings- Psychotherapie, Paar- und Familientherapie/-Beratung, aber auch alternative Heilmethoden, wie beispielsweise Osteopathie, Kinesiologie oder Akupunktmassage. Die drei wichtigsten Grundelemente sind die Entwicklungsberatung, die Reizreduktion- und Tagesstrukturierung, die Entlastung der primären Bezugspersonen und videogestützte Interaktionsanalysen und -training. Im Vordergrund jeglicher Behandlungen von frühkindlichen Regulationsstörungen stehen immer die intensive Zusammenarbeit zwischen Beratern bzw. Therapeuten und den Erziehungsberechtigten. Außerdem ist die rasche Behebung der Symptome (durch Aufbau und Unterstützung der Selbstregulations- und Selbstberuhigungsfähigkeiten des Säuglings) eine wirksame Entlastung der Bindungspersonen durch die Vermittlung von entwicklungspsychologischem Wissen, einem individuell angepassten Umgang mit dem Säugling (hinsichtlich dem Erkennen und Unterstützen seiner Kompetenzen) und eine Unterstützung positiver Interaktionen und Beziehungserfahrungen äußerst wichtig (vgl. Schreiambulanz – Stormarn)

Zusammenfassung

Zusammenfassend ist zu sagen, dass der Schrei des Säuglings sein Überleben sichert und somit sein wichtigstes Kommunikationsmittel ist.

Bei Säuglingen mit einem übermäßigen Schreiverhalten ist es für die Bindungspersonen aufgrund ihrer subjektiven Haltung oft schwer, das wahre Ausmaß des Schreiens einzuschätzen. Deshalb gilt zur Identifikation die „Dreier-Regel" nach M. Wessel, welche besagt, dass ein Säugling über mindestens drei Wochen hinweg, mehr als drei Tage in der Woche über drei Stunden am Tag schreien muss, um als exzessiv schreiender Säugling zu gelten.

Bei der Suche nach der Ursache für dieses Verhalten gilt es drei Faktoren zu berücksichtigen. Als Erstes muss der Säugling individuell betrachtet werden, um herauszufinden, ob organische Belastungsfaktoren oder Defizite in der Selbstregulation mögliche Auslöser sind. Als Zweites müssen die Kommunikations- und Interaktionsprobleme zwischen dem Säugling und seinen Bindungspersonen untersucht werden und drittens muss die Bindungsperson individuell betrachtet werden, um herauszufinden, ob sie aufgrund der neuen Gegebenheiten überlastet ist. Meist kumulieren sich mehrere einzelne Faktoren und veranlassen das Unwohlsein des Säuglings.

Auf Dauer kann dieser Stresszustand negative Emotionen bei den Bindungspersonen auslösen. Um zu vermeiden, dass diese am Säugling ausgelebt werden, müssen die Bindungspersonen sich ihrer Gefühle bewusst werden und akzeptieren, dass sie eine Pause vom eigenen Säugling benötigen. Es ist wichtig, in einer solchen Situation einen Ausgleich, beispielsweise durch das Ausleben eigener Interessen oder das Sprechen mit einer Vertrauensperson zu finden. Dies hilft sowohl der Bindungsperson als auch dem Säugling, da dieser die innere Einstellung des Anderen spürt und mit entsprechenden Reaktionen entgegnet.

Für eine erfolgreiche Beruhigung des Säuglings ist eine adäquate Reaktion, auf die durch das Schreien ausgedrückten Bedürfnisse, notwendig. Es ist sehr wichtig, dass die Bindungsperson dem Säugling angemessen signalisiert, seine Äußerungen gehört zu haben, und dass sie an einer Lösung des Problems arbeitet. Wenn alle Maßnahmen, den Säugling auf Dauer zu beruhigen, fehlschlagen, gibt es für die Erziehungsberechtigten die Möglichkeit, professionelle Hilfe in Interventionszentren, beispielsweise einer Schreiambulanz, in Anspruch zu nehmen. In diesen Einrichtungen wird unter anderem mit Beratungen und verschiedenen Therapieangeboten den Eltern im Umgang mit ihrem Säugling geholfen.

Literaturverzeichnis

Barth, R.: was mein Schreibaby mir sagen will – Hilfe durch bessere Kommunikation – Schritt für Schritt zum Erfolg, Weinheim 2008.

Brazelton, T. B. Ein Kind wächst auf: Handbuch für die ersten sechs Lebensjahre, Stuttgart 1995.

Diederichs, P. / Olbricht, V.   Unser Baby schreit so viel! – Was Eltern tun können, München 2002.

Lucas, S. Schreibabys – Ein Hilfebuch für Elter, München 1999.

Sheila Kitzinger *Wenn mein Baby weint*, Kösel-Verlag, München 1993.

Papoušek, M. Vom ersten Schrei zum ersten Wort : Anfänge der Sprachentwicklung in der vorsprachlichen Kommunikation, Bern 1994.

Portmann, A. F. Biologische Fragmente zu einer Lehre vom Menschen, 2. über. Auflage. Basel 1951.

Rankl, C.So beruhige ich mein Baby, Düsseldorf 2009.

Gesetzestexte:

Sozialgesetzbuch (SGB), Achtes Buch (VIII) Kinder- und Jugendhilfegesetz (KJHG)

› ›http://www.kindex.de/pro/index~mode~gesetze~value~kjhg.aspx#P27‹‹, Datum: 16.09.2011

Weiterführende Literatur

Akademie für Fortbildung in Psychotherapie http://www.afp-info.de/M-Bolten-2010-Regulationss.225.0.html, Datum: 27.08.2011

Alvarez, M. (2004) Caregiving and early infant crying in a danish community, J Dev Behav Pediatr, 25(2), 91-98

Domogalla, Caroline (2006) Einflüsse psychosozialer Risikofaktoren auf die Qualität der Mutter-Kind-Interaktion, Dissertation, ››http://edoc.ub.uni-muenchen.de/5726/1/Domogalla_Caroline.pdf‹‹ Datum: 27.08.2011

Kries, R. v., Kalies, H., & Papoušek, M. (2006). Excessive crying beyond 3 months may herald other features of multiple regulatory problems. Archives of Pediatric and Adolescent Medicine, 160 (5), 508–511.

Miller, A. R., & Barr, R. G. (1991) Infantile colic. Is it a gut issue? Pediatr Clin North Am, 38(6), 1407-1423.

Reijneveld, S. A., Brugman, E., & Hirasing, R. A. (2001) Excessive infant crying: the impact of varying definitions, Pediatrics, 108(4), 893-897.

Fraiberg, Selma, Adelson, E., Shapiro,V. (2003) Gespenster im Kinderzimmer. Probleme gestörter Mutter-Säuglings-Beziehungen aus psychoanalytischer Sicht. Analytische Kinder- und Jugendlichen-Psychotherapie, 34 (120), 465-504.4

Schreiambulanz – Stormarn http://www.schreiambulanz-stormarn.de/schreibabyambulanz_bargteheide_angebot.htm , Datum27.08.2011

von Kries, R., Kalies, H., & Papousek, M. (2006) Excessive crying beyond 3 months may herald other features of multiple regulatory problems, Arch Pediatr Adolesc Med, 160(5), 508-511.

Anhang

Abbildung 1 – Diagnostischer Trias Frühkindlicher Regulationsstörungen nach Papousek 2004
(Quelle: Akademie für Fortbildung in Psychotherapie)

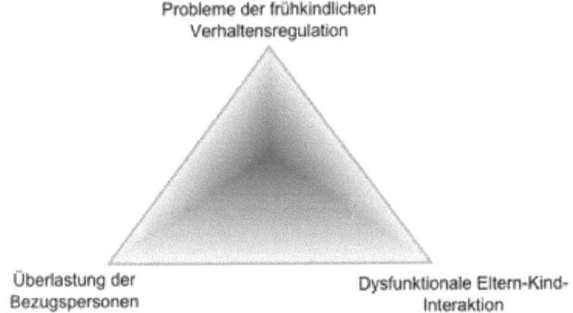

Abbildung 2 – Verhaltenszustände der Säuglings nach Brazelton 1995 (Barth 2008, S. 66f)

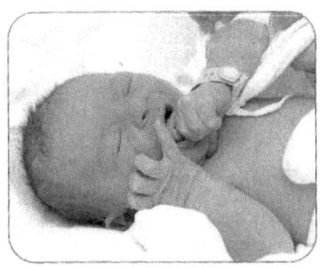

- Ruhiger Schlaf

- Fest geschlossene Augenlieder

- Tiefe und gleichmäßige Atmung

- Motorische Unruhe und äußere Reize irritieren den Säugling nicht

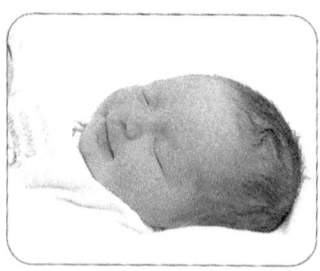

- Aktiver Schlaf (REM-Schlaf)
- Geschlossene Augenlieder, Schneiden von Grimassen
- Schnelle Augenbewegungen (Rapid Eye Movements)
- Unregelmäßige Atmung
- Motorische Unruhe und äußere Reize können den Säugling leicht irritieren

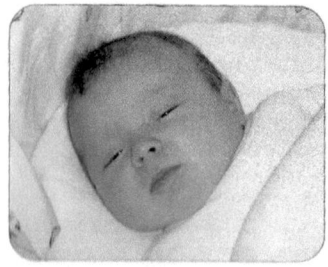

- Halbschlaf (Schläfrigkeit)
- Einschlaf- oder Aufwachphase
- Schnelle, flache aber regelmäßige Atmung
- Leicht empfänglich für äußere Reize

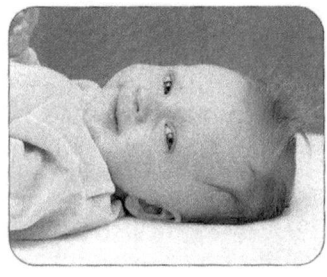

- Aufmerksamer Wachzustand
- Agil und aktiv
- Interaktionsbereitschaft und Aufmerksamkeit

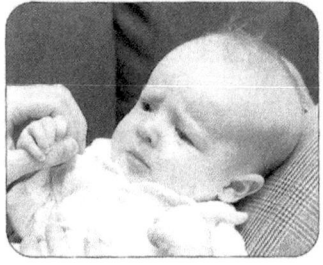

- Quengeliger Wachzustand
- Übergangsphase zum Schreien
- Dennoch kurzzeitig für äußere Reize empfänglich
- Ruckartige und unkoordinierte Bewegungen

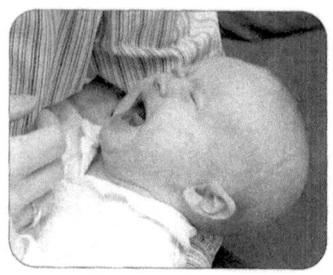

- Schreien

- Lautstarke Äußerung von Missfallen und Kommunikationswunsch

Abbildung 3 – Bindemethode eines Tragetuch, geeignet für die ersten drei Lebensmonate (Rankl 2009, S. 50)

Abbildung 4 – Pucken eines Säuglings (Rankl 2009, S. 47)

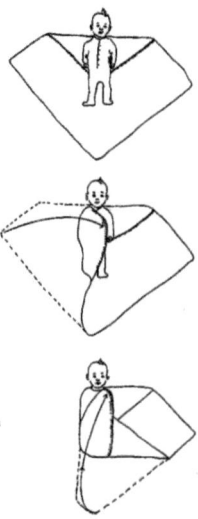

Schritte 1 bis 3

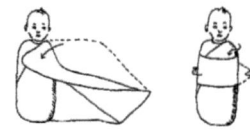

4. und 5. Schritt

Einzelpublikationen:

- Regulationsstörungen der frühen Kindheit systemisch lösen von Melanie Aull, 2011, ISBN: 978-3-656-16187-5
- Schreibabys: Ursachen – Folgen – Lösungsmöglichkeiten von Karolin Strohmeyer, 2012, ISBN: 978-3-656-33242-8
- Schreibabys - Mögliche Ursachen und Hintergründe bei Säuglingen sowie Eltern und Hilfemöglichkeiten von Nancy Ruppert, 2011, ISBN: 978-3-656-13547-0